主　　编　孙晓勇　国家法官学院院长
最高人民法院司法案例研究院院长
副 主 编　胡田野　国家法官学院副院长
刘　畅　最高人民法院司法案例研究院规划部主任
主编助理　赵文轩　最高人民法院司法案例研究院规划部编辑
刘丽媛　最高人民法院司法案例研究院规划部编辑

《中国法院年度案例》编辑人员（按姓氏笔画）
王　锐　刘　畅　朱建伟　朱　琳　吴光荣　李晓果
李　谦　杨小利　胡　岩　赵文轩　唐世银　徐一楠
贾　俘　曹海荣　梁　欣　程诗翰　程　瑛

本书编审人员　胡　岩

中国法院2022年度案例

国家法官学院　最高人民法院司法案例研究院　/ 编

雇员受害赔偿纠纷

（含帮工损害赔偿纠纷）

中国法制出版社
CHINA LEGAL PUBLISHING HOUSE

《中国法院2022年度案例》通讯编辑名单

凌　巍　北京市高级人民法院
刘晓虹　北京市高级人民法院
董　扬　天津市高级人民法院
王　佳　河北省高级人民法院
刘冬梅　山西省高级人民法院
杨智勇　内蒙古自治区高级人民法院
周文政　辽宁省高级人民法院
张功岩　吉林省高级人民法院
孙学诗　黑龙江省高级人民法院
牛晨光　上海市高级人民法院
戴鲁霖　江苏省高级人民法院
缪　芳　江苏省高级人民法院
符东杰　江苏省南通市中级人民法院
周耀明　江苏省无锡市中级人民法院
杨　治　浙江省高级人民法院
蒋　莹　浙江省高级人民法院
吴　婧　安徽省高级人民法院
林文君　福建省高级人民法院
章光园　江西省高级人民法院
王露爽　山东省高级人民法院
郭宇凌　河南省高级人民法院
宋淼军　湖北省高级人民法院
杨晓彤　湖北省宜昌市中级人民法院
唐　竞　湖南省高级人民法院
谢佩宏　广东省高级人民法院
邹尚忠　广西壮族自治区高级人民法院
韦丹萍　广西壮族自治区高级人民法院
李周伟　海南省高级人民法院
谭中平　重庆市高级人民法院
任　梦　四川省高级人民法院
李丽玲　云南省高级人民法院
石　瑾　云南省昆明市中级人民法院
龙　媛　贵州省高级人民法院
施辉法　贵州省贵阳市中级人民法院
王丽萍　西藏自治区高级人民法院
郑亚非　陕西省高级人民法院
吴　莹　甘肃省高级人民法院
央　措　青海省高级人民法院
康　莹　宁夏回族自治区高级人民法院
马小菊　新疆维吾尔自治区高级人民法院
王　琼　新疆维吾尔自治区高级人民法院生产建设兵团分院

序

党的十八大以来，以习近平同志为核心的党中央高度重视法治在推进国家治理体系和治理能力现代化中的重要作用，党的十九届六中全会通过的《中共中央关于党的百年奋斗重大成就和历史经验的决议》指出，必须坚持中国特色社会主义法治道路，贯彻中国特色社会主义法治理论，坚持依法治国、依法执政、依法行政共同推进，坚持法治国家、法治政府、法治社会一体建设，全面增强全社会尊法学法守法用法意识和能力。人民法院始终坚持以习近平法治思想为指导，把加强司法案例研究作为推进全面依法治国的重要途径，通过发布具有普遍指导意义的典型案例，统一法律适用、提高审判质效，提升司法公信力，努力让人民群众在每一个司法案件中感受到公平正义。《中国法院年度案例》丛书，旨在总结提炼典型案例的裁判规则和裁判方法，发挥司法规范、指导、评价、引领的重要作用，大力弘扬社会主义核心价值观，增强全民法治意识和法治素养，展现新时代我国法治建设新成就。

《中国法院年度案例》丛书自 2012 年编辑出版以来，已连续出版 11 年，受到读者广泛好评。近年来，为更加全面地反映我国司法审判执行工作的发展进程，顺应审判执行实践需要，响应读者需求，丛书 2014 年度新增金融纠纷、行政纠纷、刑事案例 3 个分册，2015 年度将刑事案例调整为刑法总则案例、刑法分则案例 2 个分册，2016 年度新增知识产权纠纷分册，2017 年度新增执行案例分册，2018 年度将刑事案例扩充为 4 个分册。自 2020 年起，丛书由国家法官学院与最高人民法院司法案例研究院共同编辑，每年年初定期出版。在全国各级人民法院的大力支持下，丛书编委会现编辑出版《中国法院 2022 年度案例》系列丛书，共 23 册。为助力实施环境资源审判专门化的司法政策，推进生态文明建设与绿色发展，自今年起，丛书将土地纠纷（含林地纠纷）分册改为土地纠纷（含环境资源纠纷）分册。

《中国法院年度案例》丛书以开放务实的态度、简洁明快的风格，在编辑中坚持以下方法，努力把案例书籍变得“好读有用”：一是高度提炼案例内容，控制案例篇幅，每个案例基本在3000字以内；二是突出争议焦点，剔除无效信息，尽可能在有限的篇幅内为读者提供有效、有益的信息；三是注重对裁判文书的再加工，大多数案例由案件的主审法官撰写“法官后语”，高度提炼、总结案例的指导价值，力求引发读者思考，为司法工作提供借鉴，为法学研究提供启迪。

《中国法院年度案例》丛书编辑工作坚持以下原则：一是广泛选编案例。国家法官学院和最高人民法院司法案例研究院每年通过各高级人民法院从全国各地法院汇集上一年度审结的典型案例近万件，使该丛书有广泛的精选基础，优中选优，可提供给读者新近发生的全国各地多种类型的典型性案例。二是方便读者检索。为体现以读者为本的宗旨，丛书分卷细化，每卷下还将案例主要根据案由分类编排，每个案例用一句话概括裁判规则、裁判思路或焦点问题作为主标题，让读者一目了然，迅速找到目标案例。

中国法制出版社始终全力支持《中国法院年度案例》丛书的出版，给了作者和编辑们巨大的鼓励。2022 年，丛书将继续提供数据库增值服务。购买本书，扫描前勒口二维码，即可在本年度免费查阅往年同类案例数据库。我们在此谨表谢忱，并希望通过共同努力，逐步完善，做得更好，真正探索出一条编辑案例书籍、挖掘案例价值的新路，更好地服务社会主义法治国家建设、服务法治社会建设、服务学习研究法律的读者。

《中国法院年度案例》丛书既是法官、检察官、律师等法律工作者的办案参考和司法人员培训的实用教材，也是社会大众学法用法的经典案例读本，同时是教学科研机构案例研究的良好系列素材。当然，案例作者和编辑在编写过程中也难以一步到位实现最初的编写愿望，客观上会存在各种不足甚至错误，欢迎读者批评指正。我们愿听取各方建议，不断扩宽深化司法案例研究领域，立足新发展阶段，实现中国特色司法案例研究事业的高质量发展。

国家法官学院

最高人民法院司法案例研究院

2022 年 1 月

目　录

Contents

一、雇佣关系的确定

二、雇佣关系与承揽关系的区分

三、雇主与雇员的责任划分

四、雇主与其他被告、第三人之间的责任划分

五、赔偿协议与标准

六、义务帮工的认定与责任承担

附录

一、雇佣关系的确定

1

“从事雇佣活动”的综合判断

——寇某诉建筑公司提供劳务者受害责任案

【案件基本信息】

1. 裁判书字号

湖北省神农架林区人民法院（2020）鄂9021民初424号民事判决书

2. 案由：提供劳务者受害责任纠纷

3. 当事人

原告：寇某

被告：建筑公司

【基本案情】

2019年，建筑公司承包某项目，含建筑主体工程、绿化景观工程和装修工程。2019年8月9日，寇某经他人介绍到项目工地做杂工，在绿化景观工程班组中主要从事平整土地、打扫卫生等劳务，每月工资为3600元，包住不包吃，工资由建筑公司直接从公司账号向工人转账发放。建筑公司在项目工地开设食堂，所有务工人员及管理人员均可持卡在食堂就餐。2019年12月4日，寇某下班后前往工地食堂就餐，因食堂门口道路湿滑结冰不慎摔倒，导致寇某右手受伤。受伤后，建筑公司项目负责人立即安排项目部材料员陈某将寇某送往医院进行治疗，经医院 X 线检查，初步诊断为：右腕部外伤；右桡骨远端骨折，遂进行右腕部石膏固定治疗，并建议其到上级医院就诊。从项目部工地回家后，2019 年 12 月，寇某感到受伤部位不适，前往医院复查复诊，支出复查费 686.66 元。2020 年 1 月 19 日，因感受伤部位不适，寇某遂到医院检查，经 X 线检查为：右桡骨远端骨折石膏外固定 40+天后复查示：断端复位良好，骨折线模糊，建议定期复查，为此支出医疗费 153 元。2020 年 4 月，寇某前往医院复查，为此支出医疗费 120.8 元，上述医疗费合计 960.46 元。2020 年 6 月 18 日，因受伤部位病情加重，寇某前往医院进行治疗，住院 13 天，被诊断为：1. 粘连性肩关节囊炎；2. 右侧桡骨骨质疏松，为此支出医疗费 4376.95 元（因寇某属农村低保人员，该笔医疗费后进行医保报销处理）。2020 年 7 月，寇某就赔偿事宜前往建筑公司项目部协商，但未协商一致。寇某遂于 2020 年 8 月 28 日向司法鉴定所申请鉴定，司法鉴定所出具《司法鉴定意见书》，鉴定意见为：1. 寇某所受损伤致右桡骨远端粉碎性骨折，骨折线累及关节面，现右腕关节活动功能丧失 66.5%，伤残程度评定为九级；2. 后续治理费 2000 元；3. 误工损失日 120 日，护理时限 60 日，营养时限 60 日，为此支出鉴定费 2200 元。

【案件焦点】

寇某在工地食堂就餐时摔伤是否为在“从事雇佣活动”中遭受人身损害。

【法院裁判要旨】

湖北省神农架林区人民法院经审理认为：《最高人民法院关于审理人身损害赔偿案件适用法律若干问题的解释》第九条第二款规定，前款所称“从事雇佣活动”，是指从事雇主授权或者指示范围内的生产经营活动或者其他劳务活动。雇员的行为超出授权范围，但其表现形式是履行职务或者与履行职务有内在联系的，应当认定为“从事雇佣活动”。具体到本案，第一，从地点上看，寇某所就餐的食堂，属于建筑公司项目部开设，位于建筑公司项目工地内，属于一个较为封闭的范围。项目部所有务工人员和管理人员均在此食堂就餐，包括寇某在内的工人务工、休息、就餐等日常活动均未脱离项目部工地范围。第二，从时间上看，寇某系下班后在食堂就餐时摔伤，虽不是严格意义上的务工时间，但如第一点所述，寇某的务工、就餐、休息等行为均发生在一个较为封闭范围内，时间上存在混同和接续情况。第三，从形式上看，结合本案查明的事实，事故发生时寇某与建筑公司存在劳务关系，寇某下班后去食堂就餐的行为与履行劳务活动存在内在联系。第四，本案工地食堂系建筑公司项目部开设，食堂门口路面结冰，寇某就餐排队时不慎摔倒受伤，作为建筑公司对其食堂活动范围内，亦应尽到合理限度内的安全保障义务。综上所述，寇某在工地食堂就餐的行为应当认定为与履行职务有内在联系的“从事雇佣活动”的行为。

寇某作为完全民事行为能力人，在建筑工地食堂就餐时，由于疏忽大意，在路面湿滑的情况下未尽到合理的注意义务，不慎摔倒受伤，自身应当承担一定过错。

综上所述，法院综合考虑当事人的过错程度、损害后果和导致损害后果的原因力等因素，依法酌定由建筑公司在本案中承担50%的责任，寇某自行承担50%责任。

湖北省神农架林区人民法院据此依照《中华人民共和国侵权责任法》① 第六条、第二十六条、第三十五条，《最高人民法院关于审理人身损害赔偿案件适用法律若干问题的解释》② 第十一条、第十七条、第二十条、第二十一条、第二十二条、第二十三条、第二十五条规定，判决：

建筑公司于本判决生效之日起十日内赔偿寇某人身损害赔偿金共计45625.16元。

---

① 《中华人民共和国民法典》于2021年1月1日起实施，《中华人民共和国合同法》《中华人民共和国民法总则》等同时废止。本书收录的部分案例裁判于《中华人民共和国民法典》生效前，适用的是当时有效的法律规定，下文将不再对此进行提示。

② 配合《中华人民共和国民法典》的施行，最高人民法院对大量司法解释进行了修正。本书收录的部分案例裁判于相关司法解释修正之前，适用的是当时有效的司法解释。下文将不再对此进行提示。

【法官后语】

认定雇员是否在从事雇佣活动时受到损害，是确定雇主承担赔偿责任的关键。从事雇佣活动是指从事雇主授权或者指示范围内的生产经营活动或者其他劳务活动。是否构成从事雇佣活动应从行为的内容、时间、地点、场合、行为的名义以及受益人等方面综合判断。从行为的内容来看，寇某下班后去建筑公司项目部食堂就餐的行为，表面上看既非工作时间，又非工作地点，但其就餐是必然的生理需求，与其从事雇佣活动存在内在联系，是从事雇佣活动的自然延伸。从行为的地点上来看，寇某所就餐的食堂，属于建筑公司项目部开设，位于建筑公司项目工地内，属于一个较为封闭范围。项目部所有务工人员和管理人员均在此食堂就餐，包括寇某在内的工人务工、休息、就餐等日常活动均未脱离项目部工地范围。从行为的时间来看，寇某系下班后在食堂就餐时摔伤，虽不是严格意义上的务工时间，但如前所述，寇某的务工、就餐、休息等行为均发生在一个较为封闭范围，时间上存在混同和接续情况。从行为的受益人来看，寇某受建筑公司雇请，在绿化班组从事平整土地、打扫卫生等杂活，其就餐、休息等生理需要，是为了能够继续提供劳务，建筑公司作为接受劳务一方属于行为的受益人。综上所述，寇某在建筑公司项目部食堂就餐的行为应当认定为从事雇佣活动。

同时，根据《中华人民共和国民法典》的相关规定，提供劳务者受害责任纠纷归责原则适用过错责任，寇某作为完全民事行为能力人，在建筑工地食堂就餐排队时，由于自身疏忽大意，在路面湿滑的情况下未尽到合理的注意义务，不慎摔倒受伤，自身存在重大过失，因此根据过失相抵原则，减轻建筑公司的一定责任。

司法实践中，对雇员从事雇佣活动的范围，可从以下方面来判断：第一，看雇员执行的事务是否是雇主授权或指示范围内的活动，即在雇主授权或指示范围内执行职务的，应属于雇佣活动的范围。如雇主的指示虽不够具体明确，但雇员的工作是为雇主的利益而为之，仍应属于雇佣活动范围。第二，从雇员执行职务的外表来看，如果行为在客观上表现为与雇主指示办理的事件要求相一致，就应认为属于雇佣活动范围。第三，对雇员超出授权范围的行为认定问题，应按上述法律规定进行把握，即雇员的行为超出授权范围，但其表现形式是履行职务或者与履行职务有内在联系的，应认定为从事雇佣活动。不仅如此，判断是否是在受雇工作中受到伤害，还应结合以下三个方面进行考量：一是雇员所从事的行为是否与履行职务行为相关；二是雇员是否在受雇时间内遭受损害；三是损害发生时，雇员所在位置是否为其应该出现的地方。

编写人：湖北省神农架林区人民法院　郭伟

2

综合认定提供劳务行为，厘清责任保劳动者权利

——李某诉陈某等提供劳务者受害责任案

【案件基本信息】

1. 裁判书字号

湖北省恩施土家族苗族自治州中级人民法院（2019）鄂28民终1978号民事裁定书

2. 案由：提供劳务者受害责任纠纷

3. 当事人

原告（上诉人）：李某

被告（被上诉人）：陈某、工程公司、索道公司

【基本案情】

2016年6月20日，工程公司与陈某签订《输变电工程施工劳务合同》，工程公司将某供电工程的基础施工及接地线安装过程中的劳务工程发包给不具有相应资质的陈某。陈某自同年5月开始承包该劳务工程。因涉案工程工地地处

高原地区，无公路通行，工程公司将工地索道安装及工地材料、生活物资运送工作发包给索道公司。陈某承包工地上的材料及工人生活物资即由索道公司通过索道从山下向上运送。

2016年6月，李某受陈某雇用，在陈某承包的案涉工程工地务工，从事挖坑槽工作。务工过程中，李某多次与工友到索道公司的索道口处卸货。同年11月10日，李某到索道口处卸载经该索道运送的工地所需的生活物资时，因索道龙门架倒塌，致其受伤，住院315天。

【案件焦点】

1. 事故当日李某卸货的行为应否认定为陈某提供劳务的行为；2. 损害责任如何承担。

【法院裁判要旨】

湖北省建始县人民法院经审理认为：陈某雇请李某为其务工的事实清楚，双方间形成劳务关系，陈某为接受劳务者，李某为提供劳务者。李某卸载生活物资的行为是否属于从事雇佣活动，关键要看李某这一行为是否是履行职务行为或者与履行职务有内在联系。从庭审查明的事实来看，陈某承包工程工地上的材料及生活物资均由陈某负责，具体从索道公司的索道运送，而李某虽然主要从事挖坑槽工作，但在具体工作中也接受安排去索道口卸载工地所需材料和生活物资。从地理位置而言，涉案工地无公路通行，工地所需材料和生活物资只能从索道运送，李某及其工友前往索道口卸货的行为与其工作紧密联系。从行为结果看，李某的行为有利于工人的正常生活，更有利于工地正常施工，故事故当日李某不论是受谁的安排前往索道口卸货，都与其工作当然具有内在、紧密的联系，应当认定为从事雇佣活动。

从事故发生的过程来看，索道公司安装的索道龙门架倒塌是造成李某受伤的直接原因，索道公司是直接的侵权人。第三人致雇员损害的，雇员主张赔偿时具有选择权。本案李某明确表示只请求雇主陈某承担赔偿责任，符合相关法律规定。陈某承担赔偿责任后，可另行向索道公司追偿。同时，工程公司将案涉工程部分项目发包给没有资质的陈某，系违法分包，应与陈某承担连带赔偿责任。酌定陈某承担80%的责任，工程公司承担20%的责任，陈某、工程公司就各自承担的赔偿责任相互承担连带赔偿责任。李某在从事雇佣活动中无故意或过失行为，不承担责任。

湖北省建始县人民法院依照《中华人民共和国侵权责任法》第十三条、第十四条、第十六条、第二十二条、第三十五条，《最高人民法院关于审理人身损害赔偿案件适用法律若干问题的解释》第九条第二款、第十一条第一款、第二款、第十九条、第二十条、第二十一条、第二十二条、第二十三条、第二十四条、第二十五条，《最高人民法院关于确定民事侵权精神损害赔偿责任若干问题的解释》第八条第二款，《最高人民法院关于适用〈中华人民共和国民事诉讼法〉的解释》第九十条规定，判决：

一、陈某赔偿李某医疗费、误工费、护理费、住院伙食补助费、交通费、营养费、鉴定费、残疾赔偿金、精神损害抚慰金等损失共计人民币384748.65元（陈某垫付的161453元和索道公司垫付的122000元在执行时冲减），工程公司承担连带赔偿责任；

二、工程公司赔偿李某医疗费、误工费、护理费、住院伙食补助费、交通费、营养费、鉴定费、残疾赔偿金、精神损害抚慰金等损失共计人民币96187.16元，陈某承担连带赔偿责任；上列第一、二项应付款项限于本判决生效后三十日内履行完毕；

三、驳回李某的其他诉讼请求。

李某不服一审判决，提起上诉。

湖北省恩施土家族苗族自治州中级人民法院经审理同意一审法院的裁判意见，依照《中华人民共和国民事诉讼法》[①] 第一百七十条第一款第三项规定，裁定：

驳回上诉，维持原判。

---

① 《中华人民共和国民事诉讼法》已于2021年12月24日修改，于2022年1月1日实施。本书收录案例均裁判于该法修改之前，适用的是当时有效的条文，下文将不再对此进行提示。

【法官后语】

本案核心问题是李某在卸载生活物资中受伤是否属于在提供劳务活动中受害。

笔者认为，对“提供劳务活动”的界定需要结合其工作的具体状态，可以从时间的关联性、空间的关联性、因果关系的关联性等方面进行综合考量。本案中，由于李某在本案中主要受雇于陈某，但是在索道公司处领取生活物资时发生的事故。一审法院通过对李某的卸货行为与提供劳务活动的内在联系进行了论证。其一，从基础法律关系出发，确认了李某与陈某之间的劳务关系，陈某作为提供劳务的组织者，雇请李某为其务工，劳务关系清楚。其二，从工作惯例角度出发，可以确认李某的工作内容缺乏具体明确的范围并具有一定的随机性，具体工作中经常有被安排去卸载工地材料以及生活物资的工作惯例。其三，从工作时间、工作场合、工作原因等要素综合判断。本案是在工作时间内发生，工作场所索道口这个地理位置也是唯一的材料运送地，卸货行为与李某及其工友的工作存在紧密联系。其四，从行为结果角度来看，卸货行为最终有利于工人的正常生活以及工地的正常施工，产生对接受劳务者有利的行为结果。综上，一审法院对李某提供劳务的行为进行了综合认定，本案属于因执行工作职责所遭受的损害，也从而确定了接受劳务者应当承担相应的责任。

另外，关于责任的分担问题。在第三人侵权的情况下，提供劳务者对于损害有赔偿选择权，李某可以要求接受劳务者承担责任，也可以要求侵权的第三人承担赔偿责任。本案是在李某提供劳务的过程中受到的损害，事故系因索道公司设备垮塌所致，本案中，李某明确请求陈某承担赔偿责任，在判决陈某承担责任的同时，也写明了陈某在承担责任后，可以向实际侵权人索道公司追偿。从提供劳务方的角度来看，在受到伤害后，其拥有的选择权能更好地让其获得赔偿。从接受劳务方的角度来看，即使承担了赔偿责任后，赋予其追偿权，在一定程度上也分担了风险。

本案发生在提供劳务者受害案件的多发区建筑工程领域。在我国的建筑施工领域存在许多违法转包、非法分包、挂靠经营等现象，这也增加了提供劳务者的施工风险。在本案中，发包人工程公司将案涉工程部分项目发包给没有资质的陈某，属于违法分包。法官综合考虑发包人工程公司的过错程度，给其对内划定了20%的责任，陈某、工程公司对外就各自承担的赔偿责任相互承担连带责任。对于赔偿责任是一种风险的分担，也将过错作为审理案件考虑的因素之一。

随着我国市场经济的不断深入发展，劳务市场的需求也日益变得多元化，存在着大量的个人之间提供劳务和接受劳务的行为。本案是发生在建筑领域中提供劳务者受害案件的典型案例，对于提供劳务行为的认定及责任的分担上具有参考价值。本案很好地厘清了提供劳务者与接受劳务者的劳务关系，通过对选择权的适用，根据当事人的过错程度划分相应的责任，进行了风险分担，更好地促进案件的最终处理。

编写人：湖北省建始县人民法院　李琪凌

3

符合劳务关系的网络平台公司应当对劳动者工作时遭受的人身损害承担赔偿责任

——王某诉科技公司等提供劳务者受害责任案

【案件基本信息】

1. 裁判书字号

北京市第三中级人民法院（2020）京03民终14274号民事判决书

2. 案由：提供劳务者受害责任纠纷

3. 当事人

原告（被上诉人）：王某

被告（上诉人）：科技公司

被告（被上诉人）：刘某、电商公司

【基本案情】

王某注册科技公司旗下某应用程序，成为安装工人。注册协议中，对服务要求、晋升机制、服务禁忌等进行了规定，另有以下内容“本应用程序仅为广大师傅提供合作平台，与入驻师傅不存在劳动关系或劳务关系，师傅向客户提供服务过程中请注意安全施工，如发生工伤或给第三方造成损害由您自行承担相应责任”。2017 年 6 月 16 日，刘某通过网店在电商公司购买地板、踢脚线并支付了相应的货款，定单及聊天记录上显示包安装和辅料。电商公司根据与科技公司签订的安装服务合作协议，将刘某的安装订单推送至某应用程序。某应用程序遂将该订单推送给王某，王某接收该订单后，与刘某联系协商确认安装信息。2017 年 8 月 12 日，王某前往刘某家中进行地板、踢脚线安装工作，在施工过程中王某被电锯锯伤。

【案件焦点】

1. 王某与谁存在劳务关系，谁应当在本案中承担赔偿责任；2. 在本次事故中，王某本人是否存在过错，是否应当减免赔偿义务人的赔偿责任。

【法院裁判要旨】

北京市顺义区人民法院经审理认为：刘某系购买电商公司地板、踢脚线的客户，与电商公司之间仅为买卖合同关系。刘某在收到某安装信息前，不认识王某，亦不知道安装工人是谁。王某与电商公司在整个安装过程中均没有任何联系，亦没有任何直接费用往来，故王某与刘某、电商公司之间不存在劳务关系，刘某、电商公司不应当承担赔偿责任。而王某作为科技公司旗下某应用程序的注册安装工人，科技公司按月支付安装费用，对工作时间、工作流程、晋升机制、禁止条款等有明确的要求。王某对刘某订单的安装工作，亦属于科技公司履行与电商公司之间的安装服务合作协议，科技公司从中获取较大利益。综上，法院认为科技公司与王某之间存在劳务关系，其应当在本案中承担相应的赔偿责任。科技公司主张注册协议的免责声明条款，不符合相关法律规定，法院不予采纳。

王某自2015年9月注册成为某安装工，已完成589笔安装订单，故从一般理性人的角度可以推定王某具有较强专业安装技能，应当对安装工具的使用有更深刻的认识，应当尽到更为谨慎的注意义务。王某在刘某家从事安装地板工作时使用的电锯系其自行准备的，最终亦因为使用该电锯被锯伤。故法院认为王某对该受伤事故的发生未尽到更为谨慎的注意义务，酌定由王某自行对其合理合法损失承担10%的赔偿责任。

北京市顺义区人民法院依照《中华人民共和国侵权责任法》第二条、第三条、第二十二条，《最高人民法院关于审理人身损害赔偿案件适用法律若干问题的解释》第十一条、第十七条规定，判决：

一、科技公司赔偿王某医疗费等各项损失共计320533.2元，于本判决生效之日起七日内履行；

二、驳回王某的其他诉讼请求。

科技公司不服一审判决，提起上诉。

北京市第三中级人民法院经审理同意一审法院裁判意见，依照《中华人民共和国民事诉讼法》第一百七十条第一款第一项规定，判决：

驳回上诉，维持原判。

【法官后语】

雇员在从事雇佣活动中遭受人身损害，雇主应当承担赔偿责任。受害人是否为雇员是构成提供劳务者受害纠纷赔偿主体的前提条件。当然，这里的雇佣关系是指狭义的雇佣关系，即没有纳入依照法律规定应当参加工伤保险统筹的雇佣关系，不包括劳动法所指的劳动关系，而是指劳务关系。雇员在完成受雇工作中受到损害时，有权请求雇主赔偿，这是雇员基于劳动保护所享有的权利。雇主对雇员所受损害的赔偿责任，不能因雇佣合同中的免责条款免除。

在新型互联网平台模式下，劳动者与商户、网络平台公司、其他主体之间的法律关系纷繁复杂。在提供劳务者受害纠纷案件中，是否能够认定劳动者与商户、网络平台公司、其他主体之间存在劳务雇佣关系，是确定该类型案件赔偿主体最重要的争议焦点。

有些网络平台仅是为商户与劳动者之间搭建一个居间平台，平台公司与商户、劳动者之间仅是居间服务关系。[①] 此时，平台公司往往与劳动者签订书面合作协议，在平台客户发出维修需求信息后，平台将信息向平台内不特定劳动者进行推送，劳动者根据自身意愿、技能、时间安排等因素决定是否抢单，平台并不强行派单。工具由劳动者自行配备，辅料亦由劳动者自行提供，费用由劳动者与客户自行协商，平台仅按照约定比例收取服务费用。

有些网络平台主张与劳动者之间系承揽关系（如本案），认为与劳动者是按照要求完成工作，交付工作成果，给付报酬的法律关系，此时劳动者应当以自己的设备、技术和劳力完成主要工作，一般具有一定的独立性。此时，与劳动者主张的劳务关系往往不易区分，需要在审查过程中，综合考虑用工平台对劳动者的工作安排、人身管理、报酬支付方式、工作内容、利益分配等内容，从而判断双方是否构成劳务雇佣关系。

编写人：北京市顺义区人民法院　张莉　杨杰

4

提供劳务者人身损害责任承担

——董某诉建筑公司等提供劳务者受害责任案

【案件基本信息】

1. 裁判书字号

山东省莱阳市人民法院（2020）鲁0682民初字第1314号民事判决书

2. 案由：提供劳务者受害责任纠纷

① （2020）辽02民终1099号、（2019）皖01民终1913号、（2019）粤06民终7381号。

3. 当事人

原告：董某

被告：建筑公司、铝业公司、杨某、张某

【基本案情】

房地产公司是某楼盘的开发商，建筑公司是某楼盘的总承包方，建筑公司将门窗安装项目发包给铝业公司，张某承包了铝业公司部分安装门窗项目。2019 年 8 月 31 日上午，张某到劳务市场找到董某，董某跟随张某到某楼盘 15 号楼楼下，张某和董某从一楼往二楼递门窗，杨某在二楼负责接，但是够不着。张某去找东西垫脚，让董某在原地等待。张某回来后发现董某不在原地，后来发现董某从一楼电梯井口掉到负一楼地面上受伤。

【案件焦点】

1. 董某为谁提供劳务；2. 劳务关系是否存在。

【法院裁判要旨】

山东省莱阳市人民法院经审理认为：董某在为张某提供劳务活动中受伤的事实清楚，法院予以认定。个人之间形成劳务关系，提供劳务一方因劳务受到损害的，根据双方各自的过错承担相应的责任。张某作为接受劳务者，应当在劳务关系中作为劳务活动的组织者、指挥者、监督者和风险的防控者，对提供劳务者的活动负有安全注意和劳动保护的义务，对施工现场尽到安全管理的义务。本案中，张某未就施工现场的安全隐患对董某尽到提示和保护义务，未对董某进行安全培训和教育，对事故的发生具有过错，应当承担相应责任。董某作为完全民事行为能力的成年人，应当知道建设施工现场存在安全隐患和危险，未尽到谨慎的注意义务，且在张某指示原地等待的情况下，擅自离开进入楼内，掉落电梯井受伤，对事故的发生自身具有过错，也应当承担相应责任。建筑公司作为某楼盘的总承包方，对存在的安全隐患疏于管理，本案中，电梯井口到负一楼有五六米高，照明不佳，建筑公司对电梯井口未封闭，也未设置警示标志，对事故的发生负有过错，应承担相应的赔偿责任。

山东省莱阳市人民法院依据《中华人民共和国侵权责任法》第十六条、第二十四条、第三十五条及相关民事法律法规规定，判决：

一、张某于判决生效后十日内支付赔偿款944514.39元；

二、铝业公司对（第一项）张某承担的给付义务负连带责任；

三、建筑公司于判决生效后十日内支付赔偿款23391元；

四、驳回董某的其他诉讼请求。

【法官后语】

目前，随着经济高速发展，劳务关系逐渐增多，提供劳务者受害责任纠纷案件也随之增多。在这当中，受害者往往是农民工，在劳务关系中通常为弱势的一方，在发生伤害事故时，为了保险起见，往往选择将自己的包工头、用工单位、建筑公司等一并起诉到法院，要求各共同承担赔偿责任。至于具体谁是雇佣者，相互之间存在何种法律关系，应当由谁承担赔偿责任这些问题都交给法院判断，这就要求法官在审理案件时要把握好其中的关系。

其一，是个人与个人之间的劳务关系还是个人与单位之间劳务关系的判断问题。根据《中华人民共和国民法典》第一千一百九十二条规定，个人之间形成劳务关系的，在提供劳务期间，提供劳务一方因劳务受到损害的，根据双方各自的过错承担相应的责任。这里所说的个人之间，应当理解为自然人之间，不应当包括自然人和用人单位之间。对于个人与单位之间存在的劳务关系，根据其特殊性，与雇佣关系更为相似，对于雇员在从事雇佣活动中受到的人身损害，雇主应当承担无过错责任。关于这一点，应当在审理过程中多加注意。

其二，是对于劳务关系和承揽关系的区分。在实践中，有时接受劳务一方会主张与提供劳务方之间存在的是承揽关系。这主要是因为相比于劳务关系或者其他关系，在承揽关系中当事人承担的责任要更小。《中华人民共和国民法典》第一千一百九十三条规定，承揽人在完成工作过程中造成第三人损害或者自己损害的，定作人不承担侵权责任。但是，定作人对定作、指示或者选任有过错的，应当承担相应的责任。这一条款对定作人的过错范围也做出了限定。因此如果提供劳务者与接受劳务者之间的关系被认定为承揽关系，定作人需要承担的赔偿责任很有可能低于一般劳务关系中接受劳务者需要承担的责任。因此，对二者的区分也是一个重点。承揽法律关系是承揽人按照定作人的要求完成一定的工作，交付工作成果，定作人接受工作成果并给付报酬而在双方当事人之间形成的法律关系。与劳务关系相比，二者最大的差别是劳务关系侧重劳务的给付，而在承揽关系中，更侧重于工作成果的给付。如本案中，铝业公司将承包的铝合金门窗项目发包给张某，而张某又雇用董某进行劳务。在这个过程中，董某的工作任务主要是协助运输门窗，这属于明显的提供劳动力的行为，并没有太多技术含量，于结果而言也并未展现出额外的工作成果。因此应该认定为劳务关系而非承揽关系。由上可见，对于劳务关系和承揽关系的区分也属于提供劳务者受损害案件中比较重要的一部分。在审理过程中，应当予以区分。

编写人：山东省莱阳市人民法院　冯莲云

5

提供劳务者受害责任纠纷中赔偿义务主体及责任承担方式的判定

——史某某诉黄某某等生命权、身体权、健康权案

【案件基本信息】

1. 裁判书字号

北京市第一中级人民法院（2020）京 01 民终 3189 号民事判决书

2. 案由：生命权、身体权、健康权纠纷

3. 当事人

原告（被上诉人）：史某某

被告（上诉人）：谭某某

被告：黄某某、李某某

【基本案情】

2018年11月4日，李某某与谭某某签订施工合同，约定由谭某某以包工包料的形式对402号房屋进行装修。402号房屋所在楼层为四层，其上一层有阁楼，李某某购买402号房屋后欲在屋内做一个可以通往阁楼的楼梯，故指示谭某某在四层的屋顶即阁楼的地面开凿了一个长3米宽1米的洞口留作安装楼梯用。因小区物业公司对402号房屋张贴告知书，不允许私自改建，要求恢复原状，故谭某某使用石膏板将洞口遮盖住，准备之后铺设地板，但未将石膏板固定，该处亦未设置有任何警示标识。黄某某经营出售吊顶材料及吊顶安装业务。谭某某将402号房屋的吊顶部分交予黄某某施工安装。2018年1月13日上午10时，黄某某与史某某前往402号房屋测量吊顶尺寸，黄某某和史某某到达402号房屋后上至阁楼测量尺寸过程中，史某某踩在遮盖阁楼地面洞口的石膏板上，自该洞口掉落至楼下地面受伤。

【案件焦点】

1. 史某某与黄某某是否为劳务关系；2. 史某某因伤所受损失的赔偿责任主体是谁及黄某某、谭某某、李某某应否连带承担赔偿责任。

【法院裁判要旨】

北京市海淀区人民法院经审理认为：雇员在从事雇佣活动中遭受人身损害，雇主应当承担赔偿责任。雇佣关系以外的第三人造成雇员人身损害的，赔偿权利人可以请求第三人承担赔偿责任，也可以请求雇主承担赔偿责任。雇主承担赔偿责任后可以向第三人追偿。本案中，史某某的工作地点和工作内容均由黄某某确定，史某某系受黄某某的指示和支配来完成相应工作任务，并从黄某某处获取劳务报酬，双方存在一定的支配和服从关系，故对于黄某某与史某某之间形成劳务关系的事实，法院予以确认，史某某在提供劳务过程中受伤，其依法有权诉请黄某某承担相应赔偿责任。但未有证据证实黄某某自谭某某处分包取得的吊顶安装工作需要相应资质，史某某诉请谭某某与黄某某承担连带赔偿责任，法院不予支持。402 号房屋装修工程的发包人李某某指示承包人谭某某在阁楼地面凿洞，且在被物业公司要求整改后仅使用石膏板遮盖洞口，李某某、谭某某未能及时意识到该洞口的存在对于在此施工的人可能存在风险并采取相应警示措施和尽到相应的提示义务，系二者过错，谭某某要求黄某某前往 402 号房屋测量吊顶尺寸时未向黄某某说明其在阁楼地面开挖洞口这一重大情况，对于不熟悉房屋情况的黄某某、史某某而言，具有重大风险，致使二人根本无法预知阁楼地面有洞的这一特殊情况，黄某某对于史某某受伤，本身并不存在过错。综上情况，史某某自阁楼地面洞口摔落受伤，系因雇主黄某某之外的第三人李某某、谭某某之过错所致，史某某依法亦有权要求二者直接向其承担侵权赔偿责任，综合考虑李某某、谭某某之过错，对其二人应承担的赔偿责任比例，法院判定为各 50%。依据史某某关于赔偿责任主体之意见，李某某就其过错应向史某某承担赔偿责任，谭某某就其过错应承担的赔偿责任由雇主黄某某承担。黄某某代谭某某承担相应赔偿责任后，其依法有权向谭某某追偿。

综上所述，北京市海淀区人民法院依照《中华人民共和国侵权责任法》第十六条、第三十五条，《最高人民法院关于审理人身损害赔偿案件适用法律若干问题的解释》第十一条规定，判决：

一、李某某于本判决生效后七日内赔偿史某某医疗费、住院伙食补助费、营养费、误工费、护理费、残疾赔偿金（含被扶养人生活费）、交通费、精神损害抚慰金、鉴定费的损失共计 161843. 98 元；

二、黄某某于本判决生效后七日内赔偿史某某医疗费、住院伙食补助费、营养费、误工费、护理费、残疾赔偿金（含被扶养人生活费）、交通费、精神损害抚慰金、鉴定费的损失共计 161843. 98 元；

三、驳回史某某的其他诉讼请求。

谭某某不服一审判决，提起上诉。

北京市第一中级人民法院经审理同意一审法院裁判意见，依照《中华人民共和国民事诉讼法》第一百七十条第一款第一项规定，判决：

驳回上诉，维持原判。

【法官后语】

随着城镇化不断深入，提供劳务者人身损害的事实导致的侵权责任纠纷日益增多，2021年1月1日《中华人民共和国民法典》施行之后，因存在法律规定的变动，对于提供劳务者人身损害的事实导致的侵权责任纠纷如何适用法律，应当注意和解决如下问题。

根据《中华人民共和国民法典》第一千一百九十二条“个人之间形成劳务关系，提供劳务一方因劳务造成他人损害的，由接受劳务一方承担侵权责任。接受劳务一方承担侵权责任后，可以向有故意或者重大过失的提供劳务一方追偿。提供劳务一方因劳务受到损害的，根据双方各自的过错承担相应的责任。提供劳务期间，因第三人的行为造成提供劳务一方损害的，提供劳务一方有权请求第三人承担侵权责任，也有权请求接受劳务一方给予补偿。接受劳务一方补偿后，可以向第三人追偿”的规定，适用个人之间形成劳务关系的情形，在个人与非个人雇主形成劳务关系的情况下，按照2020年修正后的《最高人民法院关于审理人身损害赔偿案件适用法律若干问题的解释》第三条“依法应当参加工伤保险统筹的用人单位的劳动者，因工伤事故遭受人身损害，劳动者或者其近亲属向人民法院起诉请求用人单位承担民事赔偿责任的，告知其按《工伤保险条例》的规定处理”的规定，人民法院应告知原告按《工伤保险条例》的规定处理，但碍于《工伤保险条例》第十八条“提出工伤认定申请应当提交下列材料：（一）工伤认定申请表；（二）与用人单位存在劳动关系（包括事实劳动关系）的证明材料；（三）医疗诊断证明或者职业病诊断证明书（或者职业病诊断鉴定书）”的规定，要求雇员提交劳动关系证明材料，显然在工伤保险救济途径中，受伤雇员求偿途径必然受阻，又因2020年修正的《最高人民法院关于审理人身损害赔偿案件适用法律若干问题的解释》删除了雇主、雇员的规定，导致人民法院以人身损害赔偿纠纷为由进行实体审理，存在法律规定上的空白，也不利于受害劳务提供者的权益保护。上述问题的解决，需要《工伤保险条例》对于工伤认定需提供的材料作出规范调整、设立和完善实践操作制度，或者人民法院通过司法解释明确人民法院可以进行实体审理。

需要注意的是，《中华人民共和国民法典》第一千一百九十二条第二款规定中的"也有权请求接受劳务一方给予补偿"与2020年修正前的《最高人民法院关于审理人身损害赔偿案件适用法律若干问题的解释》第十一条规定中的"也可以请求雇主承担赔偿责任"的法律实质相同，仅为表述不同，不影响雇主责任的范围和数额。

编写人：北京市海淀区人民法院　徐斌

6

小型安装工程的法律关系认定

——曹某诉廖某等提供劳务者受害责任案

【案件基本信息】

1. 裁判书字号

湖北省宜昌市点军区人民法院（2020）鄂0506民初104号民事判决书

2. 案由：提供劳务者受害责任纠纷

3. 当事人

原告：曹某

被告：廖某、甲公司、李甲、乙公司

【基本案情】

2016年7月14日，李甲与甲公司签订《合作合同》，约定由甲公司提供位于某游乐场内指定场地给李甲使用，由李甲出资投建游乐项目，在双方合作期间按比例分成，合作期限自2016年9月1日至2025年8月30日。合同签订后，李甲投资购买了一部游乐设施，安装于某游乐场内，并办理特种设备使用登记证，使用单位登记为甲公司。为更好地经营游乐项目，李甲欲在游乐设施上方搭建天棚用以遮阳挡雨，便委托其弟弟李乙负责此事。经人介绍，李乙联系廖某，提出所要搭建的天棚样式，并提供材料，由廖某根据经验估算价格和施工天数，组织人员自带电焊机、锤子、焊条等施工工具进行施工。廖某组织了曹某等5人及其本人于2017年9月11日进入现场进行施工，工人的上下班由廖某统一管理。因廖某等6人未带脚手架，李乙便借了脚手架供施工使用。次日下午，在施工过程中，曹某顺手从地上捡起一根绳索绑住由两根钢管拼接起来的天棚支撑杆，站在脚手架上用绳索将支撑杆拉起来时，因绳索断裂，曹某从脚手架上摔下受伤。曹某受伤后被送往医院住院治疗55天，经诊断为：1. 腰3椎体压缩性骨折并腰椎管狭窄；2. 腰3椎体双侧横突骨折；3. 左膝关节胫骨平台粉碎性骨折；4. 左桡骨远端骨折。出院医嘱：全休两个月、加强营养、一年后酌情取内固定、住院期间需陪护一人。2019年4月1日，曹某在医院行左侧胫骨平台及腰椎骨折术后内固定取出术，住院治疗16天，出院医嘱全休一个月。曹某两次住院共支出医疗费用105352.11元。2019年9月10日，曹某委托司法鉴定所对其伤残程度、误工损失日、护理时限和营养时限进行鉴定，司法鉴定所于2019年9月16日出具鉴定意见：曹某于2017年9月12日所受外伤的伤残程度为九级，其误工损失日为240日、护理时限为120日、营养时限为120日，均含后续治疗期间。曹某为此支付鉴定费1500元。

同时查明，1. 廖某已为曹某垫付医疗费50000元，曹某的诉请主张中已扣减该费用，仅主张医疗费55352元。2. 曹某受伤后，廖某未继续完成制作搭建天棚的剩余工作，并于2017年10月18日就已完成的工作与李甲进行结算，向李甲出具“今领到自控飞机搭建雨棚工资6人做2天，共计2400元”的领条一份。3. 某游乐场正式开业后，为了规范管理，乙公司于2017年10月1日与李甲重新签订《乙公司某游艺项目经营合同》，约定乙公司将位于某游乐场内指定区域30号标地给李甲经营游乐项目，合作期限自2017年10月1日至2025年8月30日，双方合作期间收入按比例分成。

【案件焦点】

1. 曹某与廖某、李甲、甲公司及乙公司之间形成何种法律关系；2. 双方的责任承担。

【法院裁判要旨】

湖北省宜昌市点军区人民法院经审理认为：关于曹某与廖某、李甲、甲公司及乙公司之间的法律关系问题。根据庭审查明的事实，李甲为经营自控飞机游乐项目所需，委托李乙与廖某达成制作搭建天棚的口头协议，由廖某根据经验估算价格和施工天数，并自带主要工具，组织人员施工，其他工人上下班亦由廖某统一管理，即廖某的工作具有独立性，其并非以李甲的设备、技术为依托工作，也未受李甲的指挥、管理，并非单纯地提供劳务，而是以完成制作搭建天棚为工作成果，符合承揽合同关系的特征。故廖某与李甲之间形成承揽合同关系，廖某为承揽人，李甲为定作人。承揽关系中承揽人是否获得利益并非确定的，廖某以其与其他人领取同样的报酬、并未从中获利为由，认为与曹某等人为工友，均为李甲提供劳务，均与李甲形成劳务关系的意见，依据不足，法院不予采纳。廖某为完成承揽任务，组织曹某等5人施工，曹某接受廖某的管理，劳务费由廖某与李甲结算后再支付，曹某所提供的劳动是廖某承揽工作的组成部分，其与廖某之间形成劳务关系，曹某为提供劳务方，廖某为接受劳务方。李甲购买游乐设施进行经营，其定作天棚系独立行为，与乙公司无关；虽游乐设施的使用单位登记为甲公司，但本案并非安装或使用游乐设施发生的事故，故曹某与甲公司及乙公司均无任何法律关系。曹某认为李甲的行为系履行甲公司职务行为的意见，依据不足，法院不予采纳。

关于本案责任承担问题。李甲将制作搭建天棚的工作承揽给廖某时，应当预知到该工作包含高空搭建内容，具有一定的危险性，而此类危险工作理应承揽给具有相应资质能力的单位或其他组织，但李甲却随意承揽给不具备规避此风险的个人，存在选任过失，应当承担相应责任，法院酌定其对曹某的损失承担 20%赔偿责任。廖某在承揽工作中未制订相应的安全防护预案和采取必要的安全防护措施，曹某在提供劳务中顺手从地上捡起一根绳索就用来施工，未确认绳索的承重力，未尽到应有的安全注意义务，双方均存在过错，均应承担相应责任，法院酌定廖某对曹某的损失承担 60%赔偿责任，曹某自行承担 20%责任。甲公司和乙公司均对曹某的受伤无过错，在本案中不承担赔偿责任。

综上，湖北省宜昌市点军区人民法院依照《中华人民共和国婚姻法》第二十一条，《中华人民共和国老年人权益保障法》第十四条、第十五条，《中华人民共和国民事诉讼法》第一百四十四条规定，判决：

一、廖某于本判决生效之日起十五日内赔偿曹某 132920 元；扣除廖某已支付的 50000 元，还应实际支付曹某 82920 元；

二、李甲于本判决生效之日起十五日内赔偿曹某 43307 元；

三、驳回曹某其他诉讼请求。

【法官后语】

本案表面看是因天棚安装导致工人受伤产生的侵权责任纠纷，而本质上是对各方当事人法律关系的认定。当事人之间成了何种关系对确定责任主体有着重大影响。因此，如何认定类似情况中当事人之间的法律关系往往会成为侵权案件中的争议焦点。本案的争议焦点在于廖某与李甲、曹某与廖某之间究竟形成何种法律关系。

一、廖某与李甲之间的法律关系

在庭审过程中，双方当事人就廖某与李甲形成何种法律关系展开了辩论，一种观点认为廖某受李甲雇请安装天棚，二人属于雇佣关系；另一种观点认为李甲提供材料，廖某负责工具和施工，二人属于承揽合同关系。雇佣关系和承揽合同关系具有一定的相似之处，如何界定两种关系存在一定难度。在本案中，李甲与廖某符合承揽合同关系的要件，二人形成承揽合同关系。在类似的案件中，因为客观条件的复杂性，如双方的协商、材料的稀缺等，都可能影响双方当事人就安装、装修、搬运等事项产生的约定。因此，不能仅凭明面上的约定来界定二者的法律关系，而应当透过现象看本质，判断施工的一方是否依附于其相对方，是否具有相对独立性和自主性。因为承揽合同仅需承揽人一次性完成定作人所要求的工作成果，但对于如何完成双方并不做约定。

二、曹某与廖某之间的法律关系

在本案的审理过程中，双方当事人就曹某与廖某之间的法律关系同样产生了争议，一方认为廖某与曹某只是单纯的工友关系，二人同工同酬；另一方认为曹某与廖某是雇佣关系，廖某属于包工头。在司法实务中，存在不少类似的情况，尤其是做小工的工人，有人接到活就会叫上身边相熟的工人一同去做工，二人之间也会因此形成法律关系。本案中，曹某与廖某形成劳务关系。曹某与廖某之间的地位平等，同工同酬，工资平均分配，虽然廖某对曹某的上下班时间和工资发放进行管理，但曹某提供劳务，廖某安排其劳务的时间并就其劳务进行等价交换，本质上来说是对其劳动力的支配时间和价值进行管理，双方并不存在实际意义上的服从管理和被服从管理的关系，自然就不成立雇佣关系。

在现实生活中，处处存在如装修、安装、搬运等行为，因现代民事法律关系日趋复杂，现行法律无法满足对每一个类似行为进行规范，这是法律所存在的空白和漏洞。因此，司法实践中的每一步探索都显得极为重要。人类活动的形式和种类多种多样，但本质上都存在一定的相通性。对于法律关系的认定，要剥开层层外壳，找到其中的核心，再根据现行法律进行判断。

编写人：湖北省宜昌市点军区人民法院　周诗韵

7

业主委员会具备被告诉讼主体资格

——段某诉业主委员会提供劳务者受害责任案

【案件基本信息】

1. 裁判书字号

广西壮族自治区北海市中级人民法院（2020）桂05民终1816号民事判决书

2. 案由：提供劳务者受害责任纠纷

3. 当事人

原告（被上诉人）：段某

被告（上诉人）：业主委员会

【基本案情】

业主委员会于2014年成立并已报办事处备案。某小区无物业公司，实行小区自治，由该业主委员会对小区进行物业服务管理，段某为该业主委员会雇请的工人，负责小区公共部分的水电维修，双方没有签订书面劳动合同或协议。2019年1月14日，段某在为某小区加装围墙照明灯时，爬上约2米高的墙檐后，墙体突然崩塌，段某坠落地面受伤。当即，段某被送往医院抢救、治疗。段某住院18天，自2019年1月14日至2019年2月1日，住院医疗费合计21440.42元，门诊治疗费合计1461.15元。2020年5月26日，司法鉴定中心作出司法鉴定意见书，认定：段某之残疾已构成人体损伤十级残疾。

另查明，段某自2017年6月开始在业主委员会工作，主要负责小区公共部分的水电维修，还包括为业主提供个人维修服务，由业主个人直接支付报酬，全年的月平均工资收入为3061.3元。庭审中，段某自认业主委员会已经预赔付9000元。

【案件焦点】

1. 业主委员会是否具备本案诉讼主体资格；2. 双方当事人之间存在何种法律关系。

【法院裁判要旨】

广西壮族自治区北海市海城区人民法院经审理认为：关于业主委员会是否具备本案诉讼主体资格的问题。业主委员会是依照《中华人民共和国物权法》第七十五条第一款规定成立，具有一定目的、名称、组织机构与场所，管理相应财产，是《中华人民共和国民事诉讼法》第四十八条规定的“其他组织”。本案中，某小区没有物业服务企业，业主委员会是依据业主共同或业主大会决议，在授权范围内，以业主委员会名义从事法律行为，代替物业服务企业行使与物业管理有关的、涉及全体业主公共利益的事宜，具备诉讼主体资格。

关于双方当事人之间存在何种法律关系的问题。根据《中华人民共和国劳动法》第二条的规定，业主委员会并不具备劳动合同用人单位的资格，因此，双方当事人之间不成立劳动合同关系。劳务关系是指劳动者与用工者根据约定，由劳动者向用工者提供一次性的或特定的劳动服务，用工者依约向劳动者支付劳务报酬的法律关系。本案中，段某工作地点在某小区，工作任务由业主委员会安排，主要负责小区公共部分的水电维修，报酬由业主委员会支付，因此认定双方当事人之间成立劳务关系。

广西壮族自治区北海市海城区人民法院依照《中华人民共和国侵权责任法》第十六条、第二十二条，《中华人民共和国劳动法》第二条，《最高人民法院关于审理人身损害赔偿案件适用法律若干问题的解释》第十一条、第十九条、第二十条、第二十一条、第二十二条、第二十三条、第二十五条规定，判决：

一、业主委员会向段某赔偿各项损失共计 100463.17 元；

二、驳回段某的其他诉讼请求。

业主委员会不服一审判决，提起上诉。

广西壮族自治区北海市中级人民法院经审理认为：关于业主委员会有无诉讼主体资格的问题。根据《最高人民法院关于春雨花园业主委员会是否具有民事诉讼主体资格的复函》的答复可知，业主委员会是业主大会的执行机构，根据业主大会的授权对外代表业主进行民事活动，所产生的法律后果由全体业主承担。业主委员会与他人发生争议的，可以作为被告参加诉讼。本案中，某小区无物业公司，由业主委员会对小区进行物业服务管理，现业主委员会与其雇请的工人发生争议，根据上述复函的规定，业主委员会具备作为被告的诉讼主体资格。关于业主委员会与段某之间存在何种法律关系的问题。业主委员会仅是该小区业主大会的执行机构，不属于《中华人民共和国劳动合同法》第二条及《中华人民共和国劳动合同法实施条例》第三条规定的用人单位的范围，其与段某亦未签订书面劳动合同，并未为段某缴交社保，业主委员会与段某之间不构成上述法律载明的劳动关系，故一审法院认定业主委员会与段某之间成立劳务关系并无不当，法院予以维持。

广西壮族自治区北海市中级人民法院依照《中华人民共和国民事诉讼法》第一百七十条第一款第一项规定，判决：

驳回上诉，维持原判。

【法官后语】

本案最大的争议在于业主委员会是否具备作为被告的诉讼主体资格并承担相应责任。关于业主委员会可以作为被告起诉实践中已经形成较为明确的一致意见，但业主委员会是否可以作为被告并承担相应责任却有较大的争议。一种观点认为，其他组织是指依法成立、有一定的组织机构和财产，但又不具备法人资格的组织。业主委员会是业主大会的常设机构，不是法律授权的群众性自治组织，也没有相应的财产，无法作为被告，也无法承担相应的责任。本案并非业主委员会可以作为原告、被告的情况，因此，业主委员会在本案中不具备被告的主体资格。另一种观点认为，根据《最高人民法院关于春雨花园业主委员会是否具有民事诉讼主体资格的复函》的答复可知，业主委员会是业主大会的执行机构，根据业主大会的授权对外代表业主进行民事活动，所产生的法律后果由全体业主承担。业主委员会与他人发生民事争议的，可以作为被告参加诉讼。因此，本案业主委员会具备被告的主体资格。笔者认为，在考虑业主委员会是否具备作为被告的诉讼主体资格并承担相应责任问题时，应区分业主委员会是否可以作为被告参加诉讼，与业主委员会是否作为最终责任承担主体。《最高人民法院关于春雨花园业主委员会是否具有民事诉讼主体资格的复函》的答复已经明确业主委员会与他人发生民事争议的，可以作为被告参加诉讼，但业主委员会是否作为最终责任承担主体，要着重审查业主委员会所从事的民事活动是否是业主大会的授权对外代表业主进行的民事活动，如是，则相应的法律后果由全体业主承担，此时业主委员会是代表业主作为被告并承担相应法律后果，并不存在业主委员会无相应财产无法承担责任的问题，因为业主委员会只是代表全体业主承担责任，实际的责任承担主体是全体业主，不存在执行的障碍。如非业主大会授权对外代表业主进行的民事活动，相应的法律后果由披着业主委员会外衣的个人自行承担，而非由全体业主承担，业主委员会非适格主体。本案中，涉案小区无物业公司，实行小区自治，由该业主委员会对小区进行物业服务管理，段某为该业主委员会雇请的工人，因此，应认定是业主大会的授权对外代表业主进行的民事活动，业主委员会可代表全体业主作为被告承担相应法律后果。

编写人：广西壮族自治区北海市海城区人民法院　吴伟燕　张彩玲

8

优势证据规则在侵权事实认定中的运用

——岳某诉工程公司等提供劳务者受害责任案

【案件基本信息】

1. 裁判书字号

湖北省武汉市中级人民法院（2019）鄂01民终7425号民事判决书

2. 案由：提供劳务者受害责任纠纷

3. 当事人

原告（被上诉人）：岳某

被告（上诉人）：工程公司

被告：技术公司、物业公司、杨某

【基本案情】

岳某长期从事电工行业，2017年11月18日，受杨某的邀约开始在案涉工地从事走线槽工作，次日在施工过程中不慎将左拇指锯伤致左拇指离断。

物业公司是技术公司基地的物业管理方，应技术公司的要求进行小型增改，增改项目的费用包含在物业管理费中。物业公司又与工程公司签订合同，由工程公司具体负责小型增改业务。杨某是工程公司法定代表人陈某的丈夫，负责现场施工管理。

【案件焦点】

岳某是否在案涉工地受伤。

【法院裁判要旨】

湖北省武汉东湖新技术开发区人民法院经审理认为：本案中，岳某及工程公司、杨某对于岳某受伤的情况各执一词，且分别提交了证据。法院在综合评判各方证据后，认为从证人陈述的细节分析，岳某及其证人的说法可信度较之杨某及其证人高，且岳某 2018 年 6 月 25 日向杨某讨要赔偿款的地点，正好是在案涉工地附近，从侧面可以印证岳某向杨某主张赔偿的事实。根据《最高人民法院关于适用〈中华人民共和国民事诉讼法〉的解释》第一百零八条的规定，民事诉讼采用的是高度盖然性的证明标准。按此规定要求，在证据对某一事实的证明无法达到事实清楚、证据确凿的情况下，对盖然性（可能性）较高的事实予以确认。结合本案的具体情况，根据各方当事人的陈述及提供的证据，依据优势证据原则采信岳某的主张，确认岳某系杨某邀约至案涉工地提供劳务而受伤。因案涉工地是工程公司承接，杨某负责现场管理，杨某系为履行工程公司职务行为，岳某雇主应为工程公司，工程公司承担侵权责任。技术公司、物业公司均不承担赔偿责任。岳某自身存在过错，应当减轻侵权人的赔偿责任。综合本案事实确定工程公司对岳某损失承担 60%的赔偿责任。

湖北省武汉东湖新技术开发区人民法院依照《中华人民共和国侵权责任法》第十六条、第二十条、第二十二条，《最高人民法院关于审理人身损害赔偿案件适用法律若干问题的解释》第十一条、第十七条、第十八条、第十九条、第二十条、第二十一条、第二十二条、第二十三条、第二十四条、第二十五条，《最高人民法院关于适用〈中华人民共和国民事诉讼法〉的解释》第九十条、第一百零五条、第一百零八条，《中华人民共和国民事诉讼法》第一百四十二条、第一百四十四条规定，判决：

一、工程公司应于本判决生效之日起十日内向岳某支付赔偿款 133068.02 元；

二、驳回岳某的其他诉讼请求。

工程公司不服一审判决，提起上诉。

湖北省武汉市中级人民法院经审理同意一审法院裁判意见，依照《中华人民共和国民事诉讼法》第一百七十条第一款第一项规定，判决：

驳回上诉，维持原判。

【法官后语】

对于法官而言，每年办理的案件成百上千，标的额有大有小，案情有简有繁，但是归根结底都要“以事实为根据，以法律为准绳”，法官追求的目标是还原事实真相，再适用法律对事实真相进行评判。但绝大部分的民事案件并非难在法律适用上，而是难在真相查明上，民事审判活动的意义就是查明案件真相，而这就需要通过当事人提交证据，而由法官对证据的认定来呈现，有可能查清事实真相，也有可能只查清法律真相。

类似本案这样缺乏直接证据的侵权责任类型的案件在民事审判中并不鲜见，虽说作为主张赔偿的一方本应承担相应的举证责任，但囿于当事人的取证意识和取证能力，实践中并非每一个当事人都能提供精准反映侵权经过的证据，如果另一方当事人也拒不承认侵权事实的情况下，事实的真相就难以查明。优势证据规则就成为解决此类案件的契机，即当证据显示待证事实存在的可能性明显大于不存在的可能性，法官可据此进行合理判断以排除疑问，在已达到能确信其存在的程度时，即使还不能完全排除存在相反的可能性，也可根据已有证据认定这一待证事实存在的结论，也就是查明法律真相。但由于法律真相并不一定就是事实真相，而是根据证据规则推导出来的，对于同样的一句话不同的人会有不同的解读，因此裁判文书的说理，尤其是对证据的认定过程就显得尤为重要。

在本案的判决书中，法官着重加强了对于证据的说明和证据采纳的说理，将双方当事人提交的书证及证人证言以及对方当事人的质证意见全部陈列出来，对双方的证据进行比较分析，认真分析后得出结论，认为岳某虽无直接证据证明其受雇于杨某并在技术园区受伤，但在杨某、工程公司予以否认后，已经尽其所能地提交了所有能提交的证据，这些证据相较工程公司提交的反驳证据来说，更为客观、真实，已然达到高度盖然性的要求，从而认定岳某受雇于工程公司并在工作中受伤这一事实的存在，并依法分责进行判决。

在侵权责任类型案件中，法官应适用优势证据规则，通过对证据的精细论证得出结论。

编写人：湖北省武汉东湖新技术开发区人民法院　吴国阳

9

劳动合同关系与劳务关系的认定标准

——翟某某诉董某一等提供劳务者受害责任案

【案件基本信息】

1. 裁判书字号

山东省泰安市中级人民法院（2020）鲁 09 民终 2625 号民事判决书

2. 案由：提供劳务者受害责任纠纷

3. 当事人

原告（被上诉人）：翟某某

被告（上诉人）：董某一、董某二

被告：工贸公司

【基本案情】

2018 年翟某某经杨某某（工贸公司车间生产负责人）介绍到工贸公司的车间从事加工再生橡胶制品工作，工作时间不固定，劳动报酬为 100 元/天，劳动报酬先由董某一打入介绍人杨某某账户或者从董某二之母处拿取现金后支付给介绍人杨某某，再由介绍人杨某某发给翟某某。翟某某与工贸公司未签订书面劳动合同，同时也未与董某一、董某二签订书面劳务合同，未参加社会保险。董某一与董某二系父子关系，工贸公司系自然人独资设立的有限责任公司，法定代表人系董某二之母刘某某。

2019年3月16日晚因车间停电维修，工人停止工作，凌晨2时车间维修好后，生产负责人杨某某准备通知工人开工时，发现蹲在机器旁的翟某某右上肢已被机器绞断（其右上肢不慎绞入传送带），并立即拨打了120，同时将翟某某受伤的情况打电话告知了门卫董某某和董某一。随后，门卫董某某陪同乘坐120救护车先诊治包扎，后又转往医院诊治。经医院诊断，翟某某的伤情为：右上肢毁损离断伤。在医院住院治疗79天，其间一直由其女友及董某二派遣的工作人员董某某护理，住院期间花去医疗费132319.76元，均由董某一支付。经翟某某申请，法院通知与双方选择鉴定机构并分别委托司法鉴定所、假肢赔偿鉴定中心对翟某某的伤残程度、残疾器具费用进行了技术鉴定。2019年12月8日司法鉴定所出具的司法鉴定意见为：被鉴定人翟某某工作时受伤致右上肢毁损离断伤，已行截肢术治疗，目前符合六级伤残。支付伤残鉴定费1300元；2019年12月16日假肢赔偿鉴定中心出具的司法鉴定结论为：被鉴定人（翟某某）为右上肢肘关节以下近端部位截肢，为前臂短残肢，残肢肌力偏弱，肌电信号偏弱，肘关节活动范围受限，依据民政部颁布的《中国康复辅助器具目录》及参照《中国康复辅助器具基本产品指导价格目录》的相关规定，根据被鉴定人的截肢部位、伤残情况、残肢状况、综合因素论证：被鉴定人右上肢残肢适合配置“普通适用型”康复辅助器具（功能型前臂假肢）。1. 假肢配置费用：“普通适用型”康复辅助器具（功能型前臂假肢）假肢配置费用：22000元；2. 假肢更换期限：功能型前臂假肢为每四年更换一次（残疾辅助器具为不可分割性产品，不满一次建议按一次计算）；3. 假肢维修费用：假肢每次装配的第一年免修维修，以后每年的维修费为假肢单价的6%；4. 假肢更换次数：可参照居住所在地人均寿命计算；5. 假肢训练时间：为更好掌握和操作使用假肢，首次装配假肢需要进行功能训练20天，功能训练费120元/天，以后装配假肢不需要功能训练，不产生训练费；6. 假肢配置的费用，不包含配置假肢时的交通、食宿及护理费用。支付残疾器具费用鉴定费用4072元。翟某某系城镇居民，2018年山东省城镇居民人均可支配收入为39549元/年；2018年山东省城镇居民人均消费支出为24798元/年；当地护工工资标准为70天/天。

【案件焦点】

1. 翟某某与工贸公司之间是否存在劳动关系；2. 翟某某与董某一、董某二之间是否存在劳务关系。

【法院裁判要旨】

山东省东平县人民法院经审理认为：本案的法律争议核心在于翟某某与工贸公司之间存在劳动合同关系还是与董某一、董某二之间存在劳务关系。双方当事人之间的法律关系是本案法律适用以及责任承担问题的前提。

关于翟某某与工贸公司之间是否存在劳动关系。劳动合同关系应在用人单位与自然人之间形成，劳动合同一旦形成，劳动者即成为用人单位的成员，劳动者必需遵守用人单位的规章制度，服从用人单位的组织支配，双方之间具有领导与被领导、支配与被支配的隶属关系。劳动者除约定的工资外，其他如最低工资、工资的支付方式、劳动保险待遇等都要遵守劳动法律、法规的规定，且双方发生纠纷时适用劳动仲裁前置程序。结合翟某某工作时间、劳动报酬取得方式、未享受该公司劳动待遇以及与工贸公司之间并没有领导与被领导的隶属关系的事实，工贸公司与翟某某之间未形成事实上的劳动关系，本案不适用工伤认定的劳动仲裁前置程序。

关于翟某某与董某一、董某二之间是否存在劳务关系。结合翟某某工作时间、劳动报酬取得方式、住院期间医疗费用的支付以及护理人员等证据能够证明董某一、董某二均参与了工贸公司车间的生产经营活动，为工贸公司车间生产经营活动的实际经营人和管理人。工贸公司与董某一、董某二之间并非委托管理关系，故翟某某与董某一、董某二之间形成事实上的劳务关系。

法院认为，个人之间或单位与个人之间形成的劳务关系，提供劳务一方因劳务造成他人损害的，由接受劳务一方承担侵权责任；提供劳务一方因劳务自身受到损害的，根据双方各自的过错承担相应的责任。

本案中，翟某某受雇于董某一、董某二从事再生橡胶制品加工，其在提供劳务过程中受伤，董某一、董某二作为接受劳务的一方，未尽到安全生产之义务，致使翟某某在提供劳务过程中受伤，存在一定过错，应对其雇员在从事雇佣活动中自身受到的伤害后果承担一定民事赔偿责任；翟某某在从事劳务过程中，对其管理的机器未进行安全操作造成自身受到伤害，未尽到安全生产注意之义务，亦存在一定的过错，应适当减轻雇主的民事赔偿责任。法院酌定董某一、董某二、翟某某对的经济损失承担的责任比例为70%，其余的30%由翟某某自负。

综上，山东省东平县人民法院依照《中华人民共和国侵权责任法》第二条、第十五条第一款第六项、第三十五条，《最高人民法院关于审理人身损害赔偿案件适用法律若干问题的解释》第十一条第一款，《中华人民共和国民事诉讼法》第六十四条规定，判决：

一、翟某某医疗费132319.76元、住院伙食补助费2370元、误工费26000元、护理费5530元、残疾赔偿金395490元、残疾器具费用158160元、鉴定费5372元、被扶养人生活费11270元、精神抚慰金为3000元，共计739511.76元，由董某一、董某二赔偿517658.23元，扣除董某一、董某二垫付款医疗费132319.76元，再赔偿翟某某385338.47元，于本判决生效后十日内付清；

二、驳回翟某某对工贸公司的诉讼请求；

三、驳回翟某某的其他诉讼请求。

董某一、董某二不服一审判决，提起上诉。

山东省泰安市中级人民法院经审理认为：关于翟某某与工贸公司之间是否存在劳动关系的问题。本案中，翟某某与工贸公司之间未签订书面劳动合同，依据《劳动和社会保障部关于确立劳动关系有关事项的通知》第二条规定："用人单位未与劳动者签订劳动合同，认定双方存在劳动关系时可参照下列凭证：（一）工资支付凭证或记录（职工工资发放花名册）、缴纳各项社会保险费的记录；（二）用人单位向劳动者发放的'工作证'、'服务证'等能够证明身份的证件；（三）劳动者填写的用人单位招工招聘'登记表'、'报名表'等招用记录；（四）考勤记录；（五）其他劳动者的证言等。其中，（一）、（三）、（四）项的有关凭证由用人单位负举证责任。"结合本案事实，翟某某与工贸公司之间并不符合上述规定，故翟某某与工贸公司并不存在事实上的劳动合同关系。

综上，董某一、董某二的上诉请求不能成立，应予驳回。一审判决认定事实清楚，适用法律正确，应予维持。山东省泰安市中级人民法院依照《中华人民共和国民事诉讼法》第一百七十条第一款第一项规定，判决：

驳回上诉，维持原判。

【法官后语】

科学技术的发展推动着社会的进步，改变了人们的生活方式，也改变了人们的就业方式。灵活就业近年来正逐渐获得认可，越来越多的青年群体会选择将灵活就业作为自己的择业方式。灵活就业是指在劳动时间、收入报酬、工作场所、保险福利、劳动关系等方面不同于建立在工商业制度和现代企业制度基础上的传统主流就业形式的总称。灵活就业人员主要由以下三部分构成：1. 自由劳动者，包括自我雇佣者（自谋职业）和以个人身份从事职业活动的自由职业者等。2. 家庭帮工，即那些帮助家庭成员从事生产经营活动的人员。3. 其他灵活就业人员，主要是指非全时工、季节工、劳务承包工、劳务派遣工、家庭小时工等一般劳动者。国家在政策方面给灵活就业者提供了支持与保障，但是其中也包含着一些问题，如劳动关系问题、保险缴纳问题。

本案中，第一，翟某某的就业形式是否为传统主流就业方式。不同的就业方式决定了就业者与接受就业者之间的法律关系，从而决定了保障就业者的合法权益的救济途径。除了用就业方式进行区分以外，还需要从劳动合同概念，即翟某某的劳动报酬取得方式以及工作时间等方面进行分析。而本案中涉及一对概念性问题即劳动关系和劳务关系的区分。劳务关系，是指提供劳务一方为接受劳务一方提供劳务服务，由接受劳务一方按照约定支付报酬而建立的一种民事权利义务关系。劳务关系的建立可以采取书面形式，也可以采取口头或者其他形式。劳务关系不同于劳动关系，主要表现在：1. 劳务关系由民法进行规范和调整。企业和个体经济组织与劳动者之间的劳动关系由劳动法进行规范和调整。2. 劳务关系的主体可以是自然人之间或者自然人与单位之间。劳动关系中的一方应是符合法定条件的用人单位，另一方必须是符合劳动年龄条件，且具有与履行劳动合同义务相适应能力的自然人。3. 劳务关系中，提供劳务一方不是接受劳务一方的职工，双方不存在隶属关系。劳动关系中的用人单位与员工之间存在隶属关系。4. 劳务关系中，接受劳务一方可以不承担提供劳务一方的社会保险。比如，国家没有规定要求居民必须为其雇用的保姆缴纳社会保险。劳动关系中的用人单位必须按照相关规定为职工购买社会保险。5. 劳务关系中，接受劳务的一方有权中断劳务关系，但没有用人单位可以对职工进行处分等权利。用人单位对职员违反用人单位劳动纪律和规章制度等行为，有权依法进行处理。6. 劳务关系中，报酬完全由双方当事人协商确定。劳动关系中，用人单位对职工有工资、奖金等方面的分配权利。用人单位向员工支付的工资应遵循按劳分配、同工同酬的原则，并遵守当地有关最低工资标准的规定。同时依据《劳动和社会保障部关于确立劳动关系有关事项的通知》第二条的规定，结合本案中翟某某、工贸公司、董某一以及董某二提供的相关证据，从而认定翟某某与工贸公司之间未形成劳动合同关系。

第二，翟某某在工作过程中受伤，其与工贸公司之间不存在劳动合同关系，没有缴纳社会保险等，故翟某某受伤后产生的经济损失由谁来承担是本案的又一关键问题，同时也是一个难题。翟某某事实上提供了劳务并且是在提供劳务过程中受伤的，那么就需要分析本案中谁是接受劳务一方，结合工资支付方式、证人证言、翟某某受伤住院中医疗费的支付以及实际接受劳务的人进行分析，可以得知虽然翟某某系在工贸公司车间工作，但并不是由工贸公司招聘的，而是董某一、董某二找来为工贸公司工作的，经审理查明，董某一与董某二系工贸公司的经营者和实际控制人。故本案中翟某某系提供劳务一方，而董某一与董某二系接受劳务一方。依据《中华人民共和国民法典》第一千一百九十二条规定，提供劳务一方因劳务受到损害的，根据双方各自的过错承担相应的责任。这一规定和工作人员在用人单位受到损害的规定有所不同。个人之间劳务关系的损害，跟雇主情形下的损害不一样，个人之间的劳务，提供劳动一方有较大的自主权，不像雇主对雇员的控制力那么强。造成损害后接受劳务一方承担无过错责任太重。所以提供劳务一方因劳务受到损害的，不宜采取无过错责任的原则，要求接受劳务一方无条件承担赔偿责任。实践中因劳务受到损害的情况比较复杂，应当区分实际情况，根据双方的过错来处理比较合理。但是如果让董某一、董某二承担无过错责任，则责任过重，所以，本案按照上述法条规定的双方根据各自的过错承担责任，比较公平，也符合现实的做法。

编写人：山东省东平县人民法院　刘晖　王婷婷

二、雇佣关系与承揽关系的区分

10

雇佣合同与承揽合同法律关系的区分与认定

——李某诉某餐馆、装潢公司提供劳务者受害责任案

【案件基本信息】

1. 裁判书字号

云南省昆明市中级人民法院（2020）云01民再46号民事判决书

2. 案由：提供劳务者受害责任纠纷

3. 当事人

原告（上诉人、再审被申请人）：李某

被告（被上诉人、再审申请人）：某餐馆

被告：装潢公司

【基本案情】

某餐馆与李某约定，由李某组织人员，拆除餐馆建筑物共计三层楼500平方米的装饰、装修工程，且以不损害建筑物主体、结构以及墙体本身为原则，并负责将现场清运干净，某餐馆向李某支付42000元的劳动报酬。

2016年9月19日17时，李某在某餐馆一楼施工过程中，从梯子上摔伤（没有佩戴安全帽或安全绳）。李某受伤后在诊所、卫生所（自费3300元）输

液治疗，后在中医院住院治疗11天（自2016年11月17日至2016年11月28日），诊断为左侧跟骨陈旧性骨折，左踝部骨质疏松。产生住院医疗费4674.7元。出院医嘱：出院后复查；卧床休息2个月，加强营养，继续服药治疗；不适随诊。另李某分别支付门诊费85.1元、4.5元、180元、80元、4.5元、279.16元、635.2元、106元、106元，CT费120元。经鉴定，李某为九级伤残，后期医疗费需6000元，产生鉴定费2100元。

来某陈述李某打电话称有拆除工程，每天按200元计算，某餐馆称交给其做工，带运走废土，一次性42000元。庭审中李某陈述，其在设计公司工作，个人接私活，与某餐馆口头谈妥42000元把全部装修拆除、清扫完毕，全部包干，由其找人做工。李某个人不具备劳务或装修相应资质。李某于2016年9月15日、2016年9月22日分别收到工程款30000元、12000元。

【案件焦点】

某餐馆与李某形成雇佣合同关系还是承揽合同关系。

【法院裁判要旨】

云南省昆明市呈贡区人民法院经审理认为：《中华人民共和国侵权责任法》第三十五条规定："个人之间形成劳务关系，提供劳务一方因劳务造成他人损害的，由接受劳务一方承担侵权责任。提供劳务一方因劳务自己受到损害的，根据双方各自的过错承担相应的责任。"现有证据并未证明装潢公司与李某之间存在任何合同关系，故李某要求装潢公司承担责任无事实基础及法律依据。至于某餐馆是否承担责任则需要看某餐馆是否是劳务使用人。法院认为，劳务使用人应从以下几方面确定：是否提供了劳务；接受劳务一方是否因为提供劳务而受有利益；提供劳务者是否接受了指示、控制、管理或监督。本案中某餐馆虽然是报酬的最终支付者及装修工程的最终受益人，但对李某却不存在指示、控制、管理或监督，其所获得的利益是李某一方所交付的劳动成果，而并非直接享有李某提供劳务的工作成果。李某认可涉案工程由其包干，且分两次领取了工程款42000元，具体劳务报酬再由其发放给工人，虽李某作为组织者自己也参与劳动，但并不改变李某为劳务使用人的地位。李某作为劳务的组织者与某餐馆之间形成的是承揽合同关系。某餐馆在本案中不是劳务的使用人，而是定作合同中的定作人。《最高人民法院关于审理人身损害赔偿案件适用法律若干问题的解释》第十条规定："承揽人在完成工作过程中对第三人造成损害或者造成自身损害的，定作人不承担赔偿责任。但定作人对定作、指示或者选任有过失的，应当承担相应的赔偿责任。"本案中李某在明知不具备资质的情况下自行拉私活、施工中不注意安全措施，并未对可能存在的危险尽到谨慎注意义务，自身对其损害存在过错。在此情形下，应由李某自行承担主要责任。某餐馆在明知李某个人不具备相应施工资质的情形下仍将拆除工程交由李某负责，其自身存在定作、选任的过失，故法院确定某餐馆在本案中相应过错范围内对李某的损失承担30%的赔偿责任。

云南省昆明市呈贡区人民法院依照《中华人民共和国侵权责任法》第三十五条、《最高人民法院关于审理人身损害赔偿案件适用法律若干问题的解释》第十条规定，判决：

一、由某餐馆在本判决发生法律效力之日起十日内一次性向李某赔偿损失44988元；

二、驳回李某的其他诉讼请求。

李某不服一审判决，提起上诉。

云南省昆明市中级人民法院经审理认为：第一，本案经审理查明，李某虽确认为某餐馆拆除旧有墙面的工程由其包干，分两次领取了款项42000元（该款项包含工人劳务报酬，饭钱及废材料运输费用），具体劳务报酬再由其发放给工人；但李某作为工程包干人的同时亦参与了拆除工程的具体施工，且在施工过程中不慎受伤，故基于其已实际提供劳务的事实，其与接受劳务的受益人某餐馆之间已形成劳务关系，对此一审法院认定有误，法院予以纠正。

第二，《中华人民共和国侵权责任法》第三十五条规定："个人之间形成劳务关系，提供劳务一方因劳务造成他人损害的，由接受劳务一方承担侵权责任。提供劳务一方因劳务自己受到损害的，根据双方各自的过错承担相应的责任。”本案中，接受劳务者某餐馆明知李某并不具备相应施工资质仍将具有一定危险性的拆除工程交由李某进行，且未对施工现场提供必要的安全防护设施，导致李某在施工中受伤，故某餐馆应对李某受伤后果承担主要责任；李某在具体施工中对可能存在的危险也未尽到谨慎注意义务，应对其受伤后果自行承担次要责任。故法院根据双方的过错大小酌情认定某餐馆应对李某提供劳务受伤所致的经济损失承担70%的赔偿责任，计104972.81元；李某自担损失的30%，计44988.35元。综上，一审判决认定事实清楚，但适用法律错误，法院予以改判。

云南省昆明市中级人民法院依据《中华人民共和国侵权责任法》第三十五条，《中华人民共和国民事诉讼法》第一百一十八条、第一百七十条第一款第二项规定，判决：

一、撤销云南省昆明市呈贡区人民法院民事判决；

二、某餐馆于判决生效后十日内向李某赔偿损失104972.81元；

三、驳回李某对装潢公司的诉讼请求；

四、驳回李某的其他诉讼请求。

某餐馆不服二审判决，申请再审。云南省高级人民法院指令云南省昆明市中级人民法院再审本案。

云南省昆明市中级人法院再审认为：依照《中华人民共和国合同法》第二百五十一条第一款“承揽合同是承揽人按照定作人的要求完成工作，交付工作成果，定作人给付报酬的合同”，第二百五十三条第一款“承揽人应当以自己的设备、技术和劳力，完成主要工作，但当事人另有约定的除外”的规定，以及《最高人民法院关于审理人身损害赔偿案件适用法律若干问题的解释》第十条“承揽人在完成工作过程中对第三人造成损害或者造成自身损害的，定作人不承担赔偿责任。但定作人对定作、指示或者选任有过失的，应当承担相应的赔偿责任”的规定，本案中，李某承包某餐馆三层楼500平方米建筑的装饰、装修拆除工程，李某负责组织10~20人的团队，依靠自己的设备、技术和团队协作完成拆除工作，向某餐馆交付将建筑物上原有设施、设备以及装修材料拆除并将现场清运干净的劳动成果，且以不损害建筑物主体、结构以及墙体本身为原则，某餐馆向李某支付42000元的劳动报酬。在整个拆除过程中无须某餐馆在现场指挥，对李某拆除的方法无须进行教授、指导和干预，李某团队人员与某餐馆没有任何身份依附性，不存在管理与被管理的关系，故法院认定某餐馆与李某形成承揽合同关系。一审对此认定正确，法院依法予以确认。依照《建设工程安全生产管理条例》第十一条“建设单位应当将拆除工程发包给具有相应资质等级的施工单位”的规定，某餐馆在明知李某团队不具备相应施工资质的情形下仍将拆除工程交由李某施工，存在选任、定作不当的过错，故一审法院认定某餐馆承担30%的责任，处理正确，法院依法予以维持。对于赔偿费用的总额双方均无异议，故以一审判决计算为准。

综上所述，某餐馆的再审请求有事实和法律依据，法院依法予以支持。本案经云南省昆明市中级人法院审判委员会讨论决定，依照《中华人民共和国民事诉讼法》第二百零七条第一款、第一百七十条第一款第二项，《中华人民共和国合同法》第二百五十一条第一款、第二百五十三条，《最高人民法院关于审理人身损害赔偿案件适用法律若干问题的解释》第十条规定，判决：

一、撤销云南省昆明市中级人民法院民事判决；

二、维持云南省昆明市呈贡区人民法院民事判决。

【法官后语】

关于某餐馆与李某是形成雇佣合同关系还是承揽合同关系的认定问题。

承揽关系是承揽人按照定作人的要求完成工作，交付劳动成果，定作人给付报酬的权利义务关系，承揽人应当以自己的设备、技术和劳力完成主要工作，但当事人另有约定的除外。劳务关系是指劳动者与用工者根据口头或书面约定，由劳动者向用工者提供一次性的或者特定的劳动服务，用工者依约向劳动者支付劳动报酬的一种有偿服务的法律关系。

二者主要区别在于：1. 当事人签订承揽合同的目的是承揽人完成并交付工作成果，使工作成果得以利益实现化，劳务仅为一种实现其合同目的的手段或过程，劳务合同只关注提供的劳务行为本身，合同相对方提供劳务的过程即追求合同利益实现的过程。2. 承揽人请求定作人支付劳动报酬的前提或基础是承揽人按照双方的合同约定完成工作成果，只有提供劳动的事实还不能请求劳动报酬，如果完成的工作成果不符合约定，承揽人还可追究定作人的违约责任。与承揽合同报酬的债权请求权不同的是，劳务合同的劳务提供者只要依约提供劳务，即可享有请求支付报酬的债权请求权，劳务有无结果不影响报酬请求权。3. 承揽人提供劳务具有独立性，具体分为工作上的独立和人格上的独立。工作上的独立是指定作人与承揽人之间订立承揽合同，一般建立在对承揽人的能力、条件等基础上，承揽人须以自己的设备、技术、劳力等完成工作任务，不受定作人的指挥管理。人格上的独立是指承揽人不受定作人的管束、约束，享有独立的工作空间，只要在约定的期间完成工作内容即可。综上，承揽人对完成工作有独立性。与此有别，劳务合同的雇员提供劳务原则上须受雇佣人的监督管理，不具有独立性，故其提供劳务时侵害了第三人的权益，雇佣人原则上应负连带赔偿责任。4. 法律尽管规定承揽人原则上应亲自完成主要工作，但终究有条件地允许第三人代为完成辅助工作，甚至主要工作。与此不同，受雇人提供劳务以亲自实施为必要，专属性很强，一般不得代为履行。

编写人：云南省昆明市中级人民法院　熊梓旭

11

实务中雇佣关系与承揽关系的认定

——龙某诉范某、万某提供劳务者受害责任案

【案件基本信息】

1. 裁判书字号

湖南省衡阳县人民法院（2020）湘0421民初2669号民事判决书

2. 案由：提供劳务者受害责任纠纷

3. 当事人

原告：龙某

被告：范某、万某

【基本案情】

范某因家中所建房屋需进行外墙装修，先请他人搭建外墙架子，后请万某到家中进行装修，万某叫来龙某共同为范某进行外墙装修。龙某负责外墙的粉刷，万某负责做工、排工及技术指导，范某一同做工且可对外墙装修具体细节进行调整。

2020年8月7日，龙某在进行外墙粉刷时，从3.6米高的架子上摔落。龙某受伤后，送至中医院治疗。2020年11月8日，经司法鉴定所鉴定，龙某的伤残程度鉴定为十级伤残；住院医疗费凭票认定，建议后期治疗检查费2000元，另需择期行内固定取出术，建议医疗费用7500元；误工期180日、护理期75日、营养期75日。在诉讼过程中，范某对该份鉴定意见书提出异议并申请重新鉴定，法院依法准许，2020年12月3日法院委托司法鉴定中心对龙某的伤残等级、三期、后续治疗费进行重新鉴定。2020年12月11日，经司法鉴定中心鉴定，龙某"左跟骨粉碎性骨折（内固定术后）"的伤残程度评定为十级；误工期评定为120天、护理期评定为75天、营养期评定为75天，以上均含住院期间；预计龙某后续"复查、取左跟骨内固定器"医疗费6000元，或后续医疗费用按实际发生费用凭有效票据核准。范某已支付龙某医疗费6062元。

【案件焦点】

1. 万某是否需要承担责任；2. 赔偿数额如何计付。

【法院裁判要旨】

湖南省衡阳县人民法院经审理认为：本案系一宗提供劳务者受害责任纠纷。提供劳务一方因劳务自己受到损害的，根据各方的过错承担相应的责任。本案中，龙某与范某系雇佣关系，龙某在从事雇佣活动时受到人身损害，范某作为接受劳务一方，应当承担主要赔偿责任；龙某在提供劳务过程中，无高空作业资质、未佩戴安全帽施工作业且未尽到谨慎义务，存在重大过错；范某与万某系雇佣关系，因二者对外墙的装修并未通过书面合同约定为承包施工，万某在施工过程中一定程度上受范某安排、指挥，且施工的材料及劳动工具均由范某提供，故万某对龙某的损失不承担责任。对龙某受伤所造成的损失，法院确定龙某、范某承担的比例为4∶6。范某先行垫付的医疗费及龙某应承担的重新鉴定费用应予扣减。

据此，湖南省衡阳县人民法院依照《中华人民共和国侵权责任法》第十六条、第三十五条，《最高人民法院关于审理人身损害赔偿案件适用法律若干问题的解释》第十七条、第十九条、第二十条、第二十一条、第二十四条规定，判决：

一、龙某受伤所造成的损失 54986 元，由范某赔偿 32991 元，剩余部分由龙某自行负担；范某先行垫付医疗费 6062 元及龙某应承担的重新鉴定费用 500 元，应予扣减；

二、驳回龙某的其他诉讼请求。

【法官后语】

在司法实务中，区分雇佣关系与承揽关系的意义在于，雇佣关系与承揽关系中人身损害赔偿责任由谁承担是截然不同的。

首先，如果当事人之间成立雇佣关系，无论雇员在从事雇佣活动中致人损害或自己遭受人身损害，原则上均由雇主承担赔偿责任。一方面，如果雇员在从事雇佣活动中致人损害的，由雇主对受害人承担赔偿责任；若雇员因故意或重大过失致人损害的，应当与雇主承担连带赔偿责任，雇主承担连带赔偿责任后有权向雇员追偿。另一方面，如果雇员在从事雇佣活动中自身遭受人身损害的，仍由雇主承担赔偿责任；若雇员对损害结果的发生或者扩大有故意、过失的，可以减轻或者免除雇主的赔偿责任；如果是由于雇佣关系以外第三人造成雇员人身损害的，雇主在承担赔偿责任后有权向第三人追偿。

其次，如果当事人之间成立承揽关系，承揽人在完成工作过程中，无论是对第三人造成损害还是造成自身损害，原则上定作人均不承担赔偿责任，只有在定作人对定作、指示或者选任有过失的情况下，才承担相应的赔偿责任。

由此可见，在人身损害赔偿案件中，当事人之间成立雇佣关系还是承揽关系，对于确定责任主体的问题有着重大的影响，将直接影响是否承担赔偿责任或承担责任的比例。

如何正确认定雇佣关系与承揽关系，笔者认为应当从以下几方面综合考量加以区分：1. 当事人之间是否存在控制、支配和从属关系；2. 是否由一方指定工作场所、提供劳动工具或设备、限定工作时间；3. 是定期给付劳动报酬还是一次性结算劳动报酬；4. 是持续性提供劳务，还是一次性提供劳动成果；5. 当事人一方所提供的劳动是其独立的业务或者经营活动，还是构成合同相对方的业务或者经营活动的组成部分。

本案中，范某与万某对外墙的装修并未通过书面合同约定为承包施工，故对雇佣关系或承揽关系的认定应综合各方面考量。万某在施工过程中负责做工、排工及技术指导，在一定程度上受范某安排、指挥；施工的材料及劳动工具均由范某提供；范某与万某、龙某口头约定以做点工的方式（按日工资结算劳动报酬）装修施工。综上，范某与万某之间应为雇佣关系。

编写人：湖南省衡阳市衡阳县人民法院　李泽郴

12

提供劳务者受害责任纠纷中当事人基础法律关系及责任认定

——祁某诉叶某、批发市场公司提供劳务者受害责任案

【案件基本信息】

1. 裁判书字号

湖北省武汉市黄陂区人民法院（2020）鄂0116民初974号民事判决书

2. 案由：提供劳务者受害责任纠纷

3. 当事人

原告：祁某

被告：叶某、批发市场公司

【基本案情】

2019年9月，批发市场公司将其经营的批发市场的遮阳网拆除工程承包给叶某。2019年9月10日，祁某受叶某雇请从事遮阳网的拆除作业。当天上午10时，祁某站在移动活动脚手架上剪钢丝绳时，被弹回的钢丝绳碰到，导致祁某从脚手架上摔落受伤。祁某受伤后被送到医院住院治疗28天，花费医药费79052.33元，其中叶某垫付医药费63648.32元。

【案件焦点】

1. 祁某与叶某是否存在雇佣关系，以及叶某与批发市场公司之间是何法律关系；2. 叶某与批发市场公司是否应承担赔偿责任及责任比例。

【法院裁判要旨】

湖北省武汉市黄陂区人民法院经审理认为：根据祁某提交的叶某的自书证明，祁某系受叶某安排从事遮阳网拆除工作，并按天结算工资报酬，由此可认定双方之间已构成雇佣关系。批发市场公司将遮阳网拆除工程发包给叶某，由叶某自行组织人员、劳动工具或设备进行拆除工作，其与批发市场公司之间并不存在控制、支配和从属关系，双方之间已构成承揽关系。叶某辩称祁某受其邀请一起为批发市场公司提供劳务服务，实际雇主为批发市场公司的抗辩理由，缺乏事实和法律依据，法院不予采纳。

祁某作为雇员在从事雇佣活动中遭受人身损害，叶某作为雇主未尽到安全管理职责，存在一定的过错，其应对祁某的损害后果承担相应的赔偿责任。祁某站在移动脚手架上进行拆除作业时，没有采取安全保护措施，尽到注意自身安全的义务，对此事故的发生亦存在一定的过错。批发市场公司将遮阳网拆除工程发包给缺乏相应安全生产条件的叶某，存在选任不当的过错。综合考虑三方的过错程度以及与事故发生后果的关联性，法院确认由叶某按50%的比例承担赔偿责任，即赔偿126704.29元；由批发市场公司按30%的比例承担赔偿责任，即赔偿76022.57元；由祁某按20%的比例自行承担责任，即承担50681.71元。叶某垫付的医药费63648.32元，为减少当事人诉累，本案予以一并处理。

湖北省武汉市黄陂区人民法院依照《中华人民共和国侵权责任法》第六条、第十二条、第十六条、第二十二条、第三十五条，《最高人民法院关于审理人身损害赔偿案件适用法律若干问题的解释》第十条、第十一条、第十七条、第十八条、第十九条、第二十条、第二十一条、第二十二条、第二十三条、第二十四条、第二十五条、第二十八条、第三十条、第三十五条和《中华人民共和国民事诉讼法》第六十四条第一款、第一百四十二条规定，判决：

一、叶某赔偿祁某经济损失126704.29元，扣减已赔偿的63648.32元，还应赔偿63055.97元；

二、批发市场公司赔偿祁某经济损失76022.57元；

三、驳回祁某的其他诉讼请求。

【法官后语】

司法审判实践中，大量存在着个人提供劳务的行为，而在农村或基层的民事活动中，个人之间劳务关系普遍存在着设施不健全、安全保障措施较少、提供劳务者对安全劳动的意识较差、接受劳务者疏于管理等问题，这些问题直接导致了基层法院此类争议案件的高发。伴随着经济活动的多元化及社会分工的细化，涉及的社会主体更多，如农村建房、装饰装修工程中普遍存在的房主、包工头、定作者等，劳务关系类型的认定也更加复杂，而基于不同主体间的不同劳务关系类型，基础法律关系和责任认定规则也不同。因此，在审理此类案件时，应首先对诉讼主体进行审查，确认是否存在遗漏相关诉讼主体的情形，其次对各主体间的关系类型进行甄别，确认基础法律关系，进而对责任承担作出判定。本案在诉讼过程中依法追加作为案涉工程发包方的批发市场公司为被告，因祁某系受叶某安排从事安装工作，其报酬也由叶某结算发放，其与叶某之间构成雇佣关系；叶某系受批发市场公司的指示，自行组织人员、准备工具完成工作，其与批发市场之间构成承揽关系。因此，在区分一般劳务雇佣关系与承揽关系时，若当事人之间存在管理、监督关系，由一方指定工作场所、限定工作时间、提供劳动工具或设备，定期计付劳动报酬，另一方提供劳务而不论有无特定成果，所提供的劳动是接受劳务方生产经营活动的组成部分，应当认定为劳务关系，反之则应为承揽关系。在具体认定时，也要充分运用逻辑推理和日常经验进行综合审查分析，不应局限于某一项要素做出判断。在归责原则上，个人之间劳务关系归责原则应以双方各自过错进行认定。而在过错的审查上，主要包括定作人、发包人、分包人对无相应资质人员的选任过错，以及未尽到管理与安全保障义务的过错，管理与安全保障义务主要包括具备相应资质并提供安全的劳动场所和工作条件；采取防范和降低危险发生可能性的安全措施；对提供劳务者进行必要的劳务作业技能和安全知识培训；进行必要的人身安全提醒，对提供劳务者的违规违章或者不当行为及时制止和纠正等情形。故此，过错认定应当根据双方当事人的注意义务标准进行考量，综合各自的过错程度以及对损害发生的原因力大小确定责任比例。

提供劳务者受害责任纠纷的审理不仅关乎劳务者生命健康权的救济与保护，亦涉及接受劳务方用工风险化解与生存发展之间的平衡。妥善审理此类案件需要正确厘清各方主体之间的基础法律关系，准确认定赔偿主体就责任范围，强化防范劳务受害事故发生的导向作用。

编写人：湖北省武汉市黄陂区人民法院　肖怡爽

三、雇主与雇员的责任划分

13

提供劳务者受害按过错承担相应责任

——胡甲诉胡乙提供劳务者受害责任案

【案件基本信息】

1. 裁判书字号

湖北省罗田县人民法院（2019）鄂1123民初2323号民事判决书

2. 案由：提供劳务者受害责任纠纷

3. 当事人

原告：胡甲

被告：胡乙

【基本案情】

2018年7月10日，胡乙雇请胡甲进入其开办的中药材站做临时工，约定60元每天。2018年8月24日，胡甲和另一名工人陈某一组负责一台切药机，一人负责检理，另一人在切药机上负责喂送草药，两人工作可以互换。上午9时，胡甲在负责喂送草药时右手被转入机器中将右前臂切断。后胡甲住院治疗41天，胡乙垫付医疗费等费用共计84915.7元。胡甲的伤情经鉴定为伤残六级、后期治疗费1500元、误工期限为伤后180日、护理期限为伤后90日、残疾辅助器具费26000元。

【案件焦点】

1. 雇主是否对雇员进行岗前培训；2. 雇员是否尽安全注意义务，是否有过错；3. 雇主与雇员的责任该如何分担。

【法院裁判要旨】

湖北省罗田县人民法院经审理认为：个人之间形成劳务关系，提供劳务一方因劳务造成他人损害的，由接受劳务一方承担侵权责任。提供劳务一方因劳务自己受到损害的，根据双方各自的过错承担相应的责任。本案中，胡乙雇用胡甲为其帮工，从事有一定危险性的机械操作工作，无证据证实在其上岗前进行了必要的安全注意事项和机械操作规程的培训，对胡甲受伤后所遭受的各项经济损失应承担赔偿责任；胡甲在操作机械的过程中注意安全不够，对损害的发生亦有一定过错，应承担相应的责任。根据胡甲受伤原因力大小，酌情确定由胡乙承担80%的责任，胡甲自行承担20%的责任。

综上，湖北省罗田县人民法院依照《中华人民共和国侵权责任法》第十六条、第二十二条、第二十六条、第三十五条，《中华人民共和国民事诉讼法》第六十四条，《最高人民法院关于确定民事侵权精神损害赔偿责任若干问题的解释》第一条、第十条、第十一条规定，判决：

一、胡乙赔偿胡甲医疗费、伤残赔偿金、误工费、护理费、营养费、住院伙食补助费、交通费、鉴定费、后续治疗费、残疾器具费、残疾器具维修保养费、装配假肢和康复期间生活补贴等损失共计338981.68元。胡乙已垫付的医疗费84915.70元在该赔偿内予以抵扣；

二、胡乙给付胡甲精神抚慰金12000元。

【法官后语】

在农村，雇工现象非常普遍，由于雇主和雇工缺乏安全意识，导致雇工在从事雇佣活动过程中造成他人损害或者自己受到损害的情况时有发生。作为基层法院，受理雇工从事劳务活动发生伤害事故的案件较多。案件受理后，首先要根据案件梗概初步确定案由。基于农村风俗习惯和文化水平，雇主与雇员之间都是口头约定，未签订书面雇佣合同，甚至在事前连口头都未曾约定的情况也很常见。所以案件在诉至法院后，双方当事人经常会各执一词，原告经常以承包来规避责任，法院需要厘清法律关系最终确定是承包还是提供劳务者致害责任纠纷和提供劳务者受害责任纠纷，一般后者居多。本案即典型的提供劳务者受害责任纠纷。这类案件一般的争议焦点主要是是否属雇佣关系，雇主是否提供安全保障，是否对雇员进行安全作业培训，雇员是否尽安全注意义务，雇主与雇员各自是否存在过错，如存在过错责任该如何分担等问题。本案胡乙雇请胡甲做临时工，双方属雇佣关系均无异议，在胡甲上岗前胡乙未对其进行岗前安全培训，故胡乙应对胡甲的经济损失承担赔偿责任；胡甲在操作机械过程中未尽安全注意义务存在过错，应承担相应的责任。根据胡甲受伤原因力大小，酌情确定由胡乙承担80%的责任，胡甲自行承担20%的责任。

编写人：湖北省罗田县人民法院　张亚萍

14

雇员酒后违规操作应对其受伤担责

——王某诉黄某提供劳务者受害责任案

【案件基本信息】

1. 裁判书字号

北京市顺义区人民法院（2020）京0113民初8081号民事判决书

2. 案由：提供劳务者受害责任纠纷

3. 当事人

原告：王某

被告：黄某

【基本案情】

王某受雇于黄某，在某户民房的地暖工程现场做小工。2019 年 11 月 24 日下午 2 点半，王某在操作卷扬机的过程中，右手被钢丝绳挤伤。事发后，黄某送王某至医院治疗，并于当天在急诊抢救中心办理住院治疗，2019 年 12 月 5 日出院。出院后王某在急诊抢救中心、医院复查。病案记载：指体缺损（右、示中指末节）、指动脉断裂（右、中指）、指神经断裂（右、中指）、屈指肌腱部分断裂（右、中指）。王某治疗共产生医疗费 26754.52 元。

审理中，王某申请就伤残等级、赔偿指数、误工期、护理期、营养期进行评定。2020 年 8 月 19 日，司法鉴定中心出具司法鉴定意见书，鉴定意见为：被鉴定人王某右手示指及中指指体缺失的伤残等级评定为 X 级，人体致残率为 X。被鉴定人王某所受损伤的误工期 90 日、护理期 90 日、营养期 60 日。

经法院询问，查证如下：1. 黄某清包了孙某家的装修活，给孙某家打垫层，现场雇用了王某等工人；2. 双方事发之前并不认识，王某是经现场另一位工人介绍来到施工现场干小工的；3. 王某工钱一天 170 元，包括抬灰、操作卷扬机；4. 王某自认在中午吃饭时喝了小半杯白酒；5. 王某称在其他工地操作过卷扬机，没有操作证等相关证件，卷扬机操作只需按键开和关，调整钢丝绳的过程中其未停止机器；6. 黄某称因王某说会操作卷扬机，就让其操作，没有告知过卷扬机如何操作。

【案件焦点】

双方当事人的过错程度及责任承担问题。

【法院裁判要旨】

北京市顺义区人民法院经审理认为：本案争议的焦点在于双方的过错程度及责任承担问题。关于黄某的责任。雇主对雇员的劳务活动负有安全注意和劳动保护的职责义务。根据查明的事实，黄某清包了他人农房地暖工程，并招了王某等雇员干活。黄某作为地暖工程的承揽人及现场工人的雇主，其应承担施工现场的安全管理义务，负责监督安全施工作业。现无证据证明黄某落实了安全措施及对现场人员及设备进行管理，包括在施工前和施工过程中向王某提醒和告知注意事项，存在较大过错，应承担相应的责任。

关于王某自身的过错。首先，施工过程中不应饮酒是最基本的注意义务。王某在下午施工前喝酒，虽不能肯定喝酒与发生事故有因果关系，但就一般人认知而言，喝酒显然容易增加事故风险。其次，王某表示自己事发前多次在工地操作卷扬机，其理应具有安全防范意识。卷扬机的注意事项载明，严禁在转动中用手、脚拉踩钢丝绳。王某在卷扬机施工的过程中，在机器转动的情况下用手调整钢丝绳，显然具有极大危险。其自述是为了防止事故的发生不得已用手调整，但其并未举证证明当时是出于紧急避险的情况下的不得已而为之，法院认为王某本人对自身工作安全没有尽到合理、审慎的注意义务，亦具有重大过错。

北京市顺义区人民法院依照《中华人民共和国侵权责任法》第十六条、第二十二条、第二十六条、第三十五条，《最高人民法院关于审理人身损害赔偿案件适用法律若干问题的解释》第十七条、第十八条、第十九条、第二十条、第二十一条、第二十二条、第二十三条、第二十四条、第二十五条、第二十八条规定，判决：

一、黄某赔偿王某医疗费、残疾赔偿金、误工费、护理费、营养费、交通费、住院伙食补助费、精神损害抚慰金共计770125.8元，于本判决生效之日起七日内付清；

二、驳回王某的其他诉讼请求。

【法官后语】

现实生活中大量存在家庭装修、农村建房等在个人间形成的劳务关系，因个人之间的劳务关系用工形式较为松散，从目前审判实践来看，常出现雇员劳务过程中喝酒的情况，一般是雇员在吃午饭的时候，往往会喝一些酒。喝酒后提供劳务具有一定的危险性，可能会造成劳务过程中精神不集中而出现操作失误，雇主也多以此提出抗辩，此类的雇员受害纠纷如何确定雇主与雇员之间的责任，可从以下方面分析。

雇员在劳务过程中喝酒，因操作失误而受伤，属于具有重大过失，应减轻雇主的赔偿责任。一般来说，为防止利益失衡，雇员的过失不能与雇主过失全部相抵，除非有确凿证据证明雇员有故意自伤等行为，雇主不得免责，根据过失相抵的相关法律规定，如果雇员一方只是存在一般过失，则不减轻接受劳务一方的赔偿责任，如果雇员因故意或重大过失致自己受到伤害，则可以免除或者减轻接受劳务一方即雇主的赔偿责任。所谓重大过失，系指违反普通人的注意义务，即行为人仅用社会上一般人的注意即可预见或避免而怠于注意或未能避免，为重大过失；违反法定注意义务的属重大过失。所谓一般过失，系指违反善良管理人（理性人）在一般情况下的注意义务。

在劳务活动中，雇主与雇员均应当尽到各自应尽的注意义务。雇主对雇员的劳务活动负有安全注意和劳动保护的职责义务，雇主应当对雇员的行为进行及时和必要的管理与监督，包括在对雇员选任上的注意与谨慎义务，雇主未履行自身注意义务，造成雇员受伤，应当承担侵权责任。雇员也应当尽到谨慎注意义务，防范自身风险。酒后上岗影响人的注意力和判断力，具有潜在的巨大危险，容易引发各类事故，这是基本常识，普通人均应当知晓。一般企业均有严禁工作时饮酒的规定，依据我国相关法律的规定，员工喝酒后如果造成醉酒的，出现人身损害的时候无法认定为工伤而获得工伤保险的赔付。按照社会常识，雇员应当知道在劳务过程中喝酒容易产生危险，但其违反基本的注意义务，在劳务过程中喝酒，且出现操作失误，可认为雇员对其自身的伤害具有重大过失，应当减轻雇主的赔偿责任。

编写人：北京市顺义区人民法院　涂琳　邵冲

15

分清过错责任依法维护当事人合法权益

——龚某诉卢甲等提供劳务者受害责任案

【案件基本信息】

1. 裁判书字号

湖北省蕲春县人民法院（2020）鄂1126民初3209号民事判决书

2. 案由：提供劳务者受害责任纠纷

3. 当事人

原告：龚某

被告：卢甲、卢乙、梅某

【基本案情】

卢甲拆除旧房在原址改建新楼房，龚某等人为卢甲建房从事木工工作。2018年4月22日，龚某在一楼楼顶进行打模板作业时，不慎从楼顶坠落，致头部严重受伤被送往医院住院治疗，花费医疗费95621.23元。2018年5月28日转院住院治疗47天，花费医疗费44566.53元。2018年7月15日再次转院住院治疗4天，花费医疗费3117.22元。2018年7月19日转院住院治疗，花费医疗费1037.17元，于2018年7月21日出院。2018年8月14日，龚某再次住院治疗，花费医疗费3220.12元，2018年8月18日出院回家休养并陆续在门诊治疗至今。医院出院医嘱，要求卧床休息，加强营养、加强关节功能锻炼、定期复查、不适随诊。此后至今，龚某的门诊治疗累计花费医疗费1647.52元，其中2020年3月31日之后门诊费用330.12元。另龚某因为治疗需要额外购药3565元。龚某目前处于植物生存状态在家休养。

2020年3月31日，司法鉴定所出具鉴定意见书，评定龚某脑损伤后呈植物生存状态，构成一级伤残；两年内后期医疗费1500元/月，颅骨修补费30000元或据实结算；护理依赖100%。2020年7月17日，法院以（2020）鄂1126民特46号民事判决书，宣告龚某为无民事行为能力人，并指定蔡某为监护人。

在审理过程中查明，龚某从事木工行业多年，没有专业资质。事故发生后卢甲为龚某垫付治疗费用72600元。

【案件焦点】

龚某是否具有过错，卢甲应承担什么责任。

【法院裁判要旨】

湖北省蕲春县人民法院经审理认为：卢甲、梅某作为案涉房屋的所有人，与龚某之间形成劳务关系。实际施工时，卢甲作为屋主，因所建房屋未对他人发包或承揽，故该房屋的施工安全管理责任应由卢甲、梅某负责。尽管卢甲辩称提供了安全帽等设备，但截至法庭辩论终结前，卢甲未能充分举证证明其尽到了房屋建筑包含的所有安全管理责任，最终导致事故发生，故卢甲与梅某对该事故发生具有较大过错。

《中华人民共和国侵权责任法》第三十五条规定："个人之间形成劳务关系，提供劳务一方因劳务造成他人损害的，由接受劳务一方承担侵权责任。提供劳务一方因劳务自己受到损害的，根据双方各自的过错承担相应的责任。"本案中，龚某作为多年从事木工工作的熟练工，应对建筑过程中的高空作业危险性有明确的认知，其在施工时未尽到必要的安全注意义务，也未采取必要且有效的安全防范措施，对本次事故的发生和颅脑损伤的损害后果具有直接关系，应承担次要责任。结合双方的过错程度，法院酌情认定龚某对自身损失承担40%的责任，卢甲、梅某共同承担60%的责任。

湖北省蕲春县人民法院依照《中华人民共和国侵权责任法》第八条、第十六条、第二十二条、第二十六条、第三十五条，《中华人民共和国民事诉讼法》

第一百四十二条规定，判决：

一、卢甲、梅某于本判决生效之日起十五日内共同赔偿龚某353551.12元；

二、卢甲、梅某互负连带赔偿责任；

三、驳回龚某的其他诉讼请求。

【法官后语】

当前，农村小规模建房过程中因各方面原因经常造成一人或多人伤亡事故，不仅没有引起足够重视，而且建私房的农民仍然缺乏安全观念，既给自己和他人造成严重的经济损失，也给社会带来不安定的因素。本案龚某受伤后成为植物人，在政府相关部门的引导下依法维权，实属不易。

第一步，严格法定程序送达、给予双方合理举证期，确定开庭时间、地点、方式（庭审观摩+巡回审判），让当事人双方充分感受到程序的公正、透明；第二步，联系乡镇政府主管部门组织两代表一委员参与案件旁听；第三步，庭审后不急于下判，组织涉案两个基层村委会干部及双方当事人亲属坐在一起协商，缩小争议焦点，平息双方争执；第四步，多次调解无效后，严格证据分析论证，分清过错与责任作出判决；第五步，宣判后，着手向县政府安全管理部门发出司法建议，结合邻近地市以鼓励农民买商业保险的形式转移农村建私房的安全隐患，将伤害降到最低，并教育影响社会价值观念。

在承办法官的精心策划与组织下，案件审理按照既定方案稳步推进，尽管最终调解不成功，但是对于裁判结果双方均表示服判，随后的司法建议也迅速发出，相关职能部门也作出了回应，案件法律效果、社会效果较好地达成统一。

编写人：湖北省蕲春县人民法院　顾峰华

16

公司与股东就其经营模式形成的内部承包约定不影响公司与劳务提供者之间形成雇佣关系

——李某诉王某、建筑公司提供劳务者受害责任案

【案件基本信息】

1. 裁判书字号

山东省淄博市中级人民法院（2020）鲁03民终500号民事判决书

2. 案由：提供劳务者受害责任纠纷

3. 当事人

原告（上诉人）：李某

被告（上诉人）：王某

被告（被上诉人）：建筑公司

【基本案情】

李某于2014年到建筑公司从事电焊工作。2014年1月24日，建筑公司与王某签订《租赁合同书》一份，约定：建筑公司（合同甲方）新建煤矸石砖厂一处，现对外出租，王某（合同乙方）愿意承租；租赁期5年，自2014年2月8日至2019年2月7日；租赁费每年按乙方实现的利润总额，经双方核算后，按7∶3比例分成；由于不可抗力因素（如遇国家政策改变、自然灾害、战争等），导致本合同不能履行，本合同自行终止，双方均不承担任何责任。双方签订合同后，李某在从事电焊工作时，因不明原因连电，李某被电弧烧伤。李某受伤后住院治疗，诊断为：电弧烧伤，烧伤面积20%，烧伤程度为二度。李某经住院治疗27天出院，对于李某的住院费用支付问题，王某与建筑公司均主张系由对方支付。

【案件焦点】

建筑公司应否为涉案事故责任主体并承担赔偿责任。

【法院裁判要旨】

山东省淄博市淄川区人民法院经审理认为：关于建筑公司与王某之间关系的认定以及是否应对李某的损失承担赔偿责任问题，根据王某提供的《租赁合同书》及各方当事人陈述，王某与建筑公司存在租赁合同法律关系，王某自2014年2月8日至2019年2月7日租赁建筑公司的厂房、设备进行生产经营，王某也主张在此期间与建筑公司形成租赁合同法律关系，因此，李某在王某租赁的场地内从事焊接劳务，故王某为实际雇主，王某与李某之间形成雇佣关系。雇员在从事雇佣活动中遭受人身损害，雇主应当承担赔偿责任。作为雇主的王某应当为李某提供必要的安全防护措施，以防范损害的发生，确保雇员安全完成劳务。本案中，李某在从事劳务过程中，非因自身原因连电以致受伤，故李某自身不存在过错，作为雇主的王某应承担全部责任。李某主张建筑公司承担连带清偿责任于法无据，不予支持。关于李某主张的损失赔偿数额问题，经审查能够认定的经济损失共计239384.60元。

据此，山东省淄博市淄川区人民法院依照《中华人民共和国侵权责任法》第三十五条，《最高人民法院关于审理人身损害赔偿案件适用法律若干问题的解释》第十一条、第十七条、第十八条、第十九条、第二十条、第二十一条、第二十二条、第二十三条、第二十四条、第二十五条，《最高人民法院关于确定民事侵权精神损害赔偿责任若干问题的解释》第八条第二款、第十条规定，判决：

一、王某赔偿李某医疗费、误工费、护理费、住院生活补助费、营养费、残疾赔偿金、精神抚慰金、交通费、鉴定费共计239384.60元；

二、驳回李某的其他诉讼请求。

李某、王某不服一判决，提起上诉。

山东省淄博市中级人民法院经审理认为：根据法律规定，雇员在从事雇佣活动中遭受人身损害，雇主应当承担赔偿责任。因此，雇主的认定问题是本案的争议焦点。王某与建筑公司虽然签订租赁合同，但在一审审理过程中建筑公司明确认可，其与王某之间实际是承包关系，并非租赁关系，王某承包的范围包括建筑公司人、财、物，对外的手续还是建筑公司，且双方签订的《租赁合同书》中，对于租赁费的计算方式，每年按照实现的利润总额，经双方核实后，按照7∶3比例分成，该案涉合同不符合出租方出租资产收取固定收益而不承担经营风险的租赁合同法律关系的特征，故能够认定王某与建筑公司基于涉案的合同，双方之间形成内部承包关系而非租赁合同法律关系。在案涉协议签订之前，李某已在建筑公司提供劳务，建筑公司作为雇主与李某形成雇佣关系，建筑公司与其股东之间对于经营模式的约定，并不影响李某与建筑公司之间的雇佣关系，建筑公司未提供证据证明在签订协议中其与李某协议解除雇佣关系，王某与建筑公司达成内部承包协议，形成另一法律关系，不能约束李某。建筑公司作为法人单位应独立享有民事权利和承担民事义务。李某受建筑公司雇用期间从事焊接劳务受伤，建筑公司为雇主，按照法律规定，应对涉案赔偿承担责任。李某在从事劳务过程中人身受到伤害，其自身不存在过错，作为雇主的建筑公司应承担全部赔偿责任。一审对此认定不当，予以纠正。综上所述，王某、李某的上诉请求成立，予以支持。

据此，山东省淄博市中级人民法院依照《最高人民法院关于审理人身损害赔偿案件适用法律若干问题的解释》第十一条、第十七条、第十八条、第十九条、第二十条、第二十一条、第二十二条、第二十三条、第二十四条、第二十五条，《最高人民法院关于确定民事侵权精神损害赔偿责任若干问题的解释》第八条第二款、第十条，《中华人民共和国民事诉讼法》第一百六十九条、第一百七十条第一款第二项规定，判决：

一、撤销山东省淄博市淄川区人民法院民事判决；

二、建筑公司赔偿李某医疗费、误工费、护理费、住院生活补助费、营养费、残疾赔偿金、精神抚慰金、交通费、鉴定费共计239384.60元；

三、驳回李某的其他诉讼请求。

【法官后语】

本案涉及的主要问题在于，公司与股东就其经营模式形成的内部承包约定是否影响公司与劳务提供者形成劳务雇佣关系，以及公司是否对劳务提供者的受害直接承担赔偿责任。

依据法律规定，雇员在从事雇佣活动中遭受人身损害，雇主应当承担赔偿责任。因此，雇主的正确认定与否是有效解决此类案件的关键所在。司法实践中，雇主的认定一般遵循如下标准：1. 雇主对劳务提供方有控制、支配、指派方面的能力，能够安排具体的劳务工作，并且为劳务方完成工作提供一定的场所、工具、设备；2. 劳务的实际受益者是谁，谁就是雇主，雇员提供的劳务增加了雇主的获益，自然就是雇主，当然司法实践是复杂的，还要具体判断；3. 雇主的认定要结合案件中的具体法律关系，如内部承包关系、承揽关系等，不能单纯依据提供劳务的外观来认定雇主的身份。

本案中公司与其股东形成了内部承包关系。通常来看，就是公司实际上为了经营管理便利之需要，以与职工口头约定或签订书面合同形式，将职工的权利义务关系或工作分工固定下来。但是，企业的内部承包关系与纯粹的租赁关系不同。一是在企业与员工双方的隶属关系上，企业与员工仍然有一定的股东出资、管理或指导等牵连关系，并非纯粹的厂房、设备租赁使用关系；二是在承包（租赁）协议目的的合理性上，租赁协议是为了单纯获取厂房、设备的年度固定租金，防止闲置与资源浪费，内部承包协议则包含多种考量，除了经济效益导向之外，还包括股权配置、人力资源优化等方面；三是在相关的收益分配约定上，纯粹的租赁合同会约定公司单纯收取设备、厂房等租赁物的租金，公司不参与营收利润的分配。而内部承包合同会考虑到承包人的实际经营利润，一般年底会按照营收利润进行比例分配。综上，公司基于其经营模式的需要而与股东或员工签订的内部承包协议，除了以明示或公示的方式进行告知之外，出于公平考虑，法律上明确界定不得对抗提供劳务的相对第三方。即在劳务雇佣关系纠纷中，内部承包协议不是确认雇主的绝对标准。

本案中，一是从李某的实际工作现状看，李某在涉案承包协议签订之前，本人已经为建筑公司提供了一段时间劳务，事实上与建筑公司形成了劳务雇佣关系，具有权利义务上的拘束力；二是要正确认定涉案协议的性质。一审中建筑公司自认其与王某之间为承包关系，公司的人、财、物均由其部分承包、支配，但对外活动还是以建筑公司的名义。租赁（承包）费计算标准，每年的利润总额按7：3比例分成，不符合收益固定的租赁合同法律关系。因此，建筑公司与王某仅就公司的内部经营形成内部承包关系，属另外法律关系范畴，其效力自然无法对抗相对第三人李某；三是建筑公司与王某签订名为租赁、实为承包的涉案协议后，李某虽然是主要跟着王某并为其提供劳务，但是涉案协议中并未明确建筑公司与李某协议解除雇佣关系或李某与王某形成新的雇佣关系。因此在王某仍旧为公司股东的条件下，李某虽然直接受王某的指派从事焊接等劳务工作，但其与建筑公司的雇佣关系没有发生根本性的变化，在其提供劳务受伤的情况下，建筑公司作为雇主，自应承担赔偿义务进行损害赔偿。综上，本案一审仅依据租赁合同与租赁行为认定王某为雇主并承担赔偿责任不当，二审予以改判符合当前社会劳动用工的现状，也有利于提供劳务者受害后及时得到救济与赔偿。

编写人：山东省淄博市中级人民法院　荣明潇　杨富元

山东省淄博市周村区人民法院　张　蓓

17

劳务者偏离约定劳务内容并遭受人身损害时雇主可否免除赔偿责任

——王某诉清洁公司等提供劳务者受害责任案

【案件基本信息】

1. 裁判书字号

北京市第三中级人民法院（2020）京03民终4592号民事判决书

2. 案由：提供劳务者受害责任纠纷

3. 当事人

原告（上诉人）：王某

被告（被上诉人）：清洁公司、物业公司、网络公司

【基本案情】

2018年8月，王某受雇于清洁公司，担任保洁员工作。物业公司系网络公司聘请的物业管理服务公司。2018年，物业公司与网络公司签订物业服务合同，约定了保洁服务的区域及楼栋，服务范围并不包括事发时的8号楼。物业公司从清洁公司处雇用保洁人员从事上述保洁服务。2019年1月14日，王某从网络公司所有的8号楼一层电梯口摔入负一层受伤，经鉴定构成十级伤残，累计伤残赔偿指数为30%。建议误工期为120~180日，护理期为60~90日，营养期为60~90日。

王某称事故发生当日，清洁公司带班班长宋某带领其与另两个工人到8号楼门口打扫卫生，清理了包括建筑垃圾等垃圾，打扫完后物业公司主管倪某又要求三人去8号楼打扫一层的卫生，在打扫的过程中由于灯光昏暗，且没有标识和防护，导致王某坠落电梯口。

【案件焦点】

王某发生劳务偏离时，其遭受人身损害是否可以认定为“因劳务”受到损害。

【法院裁判要旨】

北京市通州区人民法院经审理认为：王某在8号楼一层内摔伤，自称其是按物业公司要求去清扫8号楼一层内卫生，但物业公司与清洁公司均称其要求清扫的范围是8号楼门口，网络公司亦对王某的陈述不予认可，因王某提供的证据不足以证明其是基于从事雇佣活动而受到伤害，故其诉讼请求因证据不足而不予支持。

北京市通州区人民法院依据《中华人民共和国民事诉讼法》第六十四条第一款，《最高人民法院关于民事诉讼证据的若干规定》第二条，《最高人民法院关于审理人身损害赔偿案件适用法律若干问题的解释》第十一条规定，判决：

驳回王某的诉讼请求。

王某不服一审判决，提起上诉。

北京市第三中级人民法院经审理认为：第一，关于王某是否系在劳务过程中受伤的问题。根据所查事实，王某系在从事保洁工作过程中受伤，工作性质和内容属于王某向清洁公司提供劳务的范围。具体理由为：其一，虽物业公司和网络公司之间的物业服务合同中未包含事发的8号楼的保洁工作内容，但对于发生在此二公司之间的合同内容，作为普通工作人员的王某确实难以知晓，王某此项抗辩理由合理。其二，清洁公司虽不认可系其指示王某进入8号楼进行保洁工作，但认可系接受工作指示安排王某到8号楼门口进行清扫，由此可知，王某等人提供的保洁服务范围亦并未严格按照物业服务合同的约定履行。其三，综合考虑事发8号楼亦属网络公司所有的事实，王某进入8号楼内系为进行保洁服务或从事与保洁服务工作相关事项具有高度可能性。综上，可以认定王某系在从事雇佣活动中遭受损害。

第二，关于王某人身损害损失的赔偿责任主体。清洁公司雇用王某从事保洁工作，并向其发放工资，应当认定清洁公司系王某的雇主。根据规定，雇员在从事雇佣活动中遭受人身损害，雇主应当承担赔偿责任。雇佣关系以外的第三人造成雇员人身损害的，赔偿权利人可以请求第三人承担赔偿责任，也可以请求雇主承担赔偿责任。雇主承担赔偿责任后，可以向第三人追偿。在本案诉讼过程中，王某明确要求作为雇主的清洁公司承担赔偿责任，于法有据，法院予以支持。

第三，关于王某损失的认定。法院对其主张的合理部分予以支持，对于其中计算标准过高部分依法予以核算调整。

北京市第三中级人民法院依照《中华人民共和国民事诉讼法》第一百七十

条第一款第二项，《最高人民法院关于审理人身损害赔偿案件适用法律若干问题的解释》第十一条第一款、第十七条、第十八条、第十九条、第二十一条、第二十二条、第二十三条、第二十四条、第二十五条规定，判决：

一、撤销北京市通州区人民法院民事判决；

二、清洁公司于本判决生效之日起七日内给付王某医疗费14385.87元、住院伙食补助费4000元、护理费11700元、营养费4500元、交通费1000元、残疾赔偿金355457.7元、精神损害抚慰金30000元；

三、驳回王某的其他诉讼请求。

【法官后语】

普通法系对于劳务者违反雇主禁止性命令、劳务者存在劳务偏离等成熟的裁判规则。雇员从事雇主禁止的行为或者偏离工作内容时，雇主并非一律不承担责任，雇员行为的目的以及雇员行为与工作内容的关联程度等因素是决定雇主是否承担责任的重要因素。我国法律对于劳务者受害责任的规定较为原则，而司法实践对于劳务者受害责任纠纷案件并未能形成系统化、规范化的类型划分及规则确立。本案具有典型的偏离劳务特点，一审法院与二审法院的不同观点正是目前我国司法实践分歧的真实写照，二审法院通过对查明事实的具体分析，提炼出确认王某系在劳务过程中受害这一法律事实的关键考量因素，为偏离型劳务案件事实认定提供了有益的规则参考，即劳务者偏离约定劳务内容并遭受损害时，应注意审查劳务者对约定内容的认知、合同实际履行情况，并考量劳务偏离的程度、距离、目的及其与劳务关系的关联程度等因素，对劳务者是否系“因劳务受害”的法律事实进行认定。在运用该规则时，需要从以下几个方面进行把握：

第一，偏离型案件从举证责任分配到最后事实推定，需分三个层次递进完成。其一，劳务者需对劳务关系、损害事实等基本事实进行举证；其二，关于劳务者是否偏离劳务（是否偏离、偏离程度等）内容部分，由接受劳务者方进行举证，此时举证的目的在于排除劳务者“因劳务受害”的事实；其三，在接受劳务者无法证明或其证据不足以让法院确信劳务者因本质偏离劳务而不存在

"因劳务受害"的事实时，法院将根据查明的基本事实综合考量，对劳务者偏离劳务过程中受害是否属于"因劳务受害"进行事实推定。

第二，劳务案件中举证责任分配的特殊性。提供劳务者受害责任纠纷案件中，劳务者的举证能力通常较弱，而从侵权责任法保护弱者以及劳动法保护劳动者权益的角度出发，对于劳务者的举证责任不应过于苛责，在其就基本案件事实进行举证的情况下，可认为其完成了基本的举证责任，如果被告对于基本事实予以否认的，应当提供证据推翻劳务者证明的基本事实。

第三，偏离程度、目的及其与劳务关系的关联性是偏离型劳务案件审查的关键因素。对于偏离型劳务案件，法院在进行事实推定时，重点需要考量劳务者偏离程度、目的及其与劳务者原工作内容的关联性。其一，偏离程度，可从偏离劳务时的工作地点、工作内容等进行考量。其二，偏离目的，可从劳务者是否明显出于自身利益或接受劳务者利益偏离劳务的角度，结合其他因素一并考量。其三，劳务偏离与劳务关系的关联程度，关联程度可根据个案其他事实，从偏离原因、偏离劳务利益归属等方面，结合其他因素进行考量。

《中华人民共和国民法典》生效后，对于类似案件，不再适用《最高人民法院关于审理人身损害赔偿案件适用法律若干问题的解释》第十一条的规定，而是应当适用《中华人民共和国民法典》的规定，二者虽然在归责原则上存在本质差别，但在基本法律事实要求上仍存在一致性，即要求劳务者必须因劳务受到损害，故本案中关于王某是否系在从事清洁劳务过程中受到人身损害的事实认定规则在《中华人民共和国民法典》时代具有重要的借鉴意义。

编写人：北京市通州区人民法院　杨娴婷

18

接受劳务一方的救助义务的限度

——包某能等诉刘某新等生命权、健康权、身体权案

【案件基本信息】

1. 裁判书字号

北京市第一中级人民法院（2020）京01民终40号民事裁定书

2. 案由：生命权、健康权、身体权纠纷

3. 当事人

原告（上诉人）：包某能、包某婷、包某、于某姐、周某玉

被告（被上诉人）：刘某新、刘某平、刘某群、刘某爱、刘某华、家政中心

【基本案情】

包某能与周某芳系夫妻，包某婷、包某系二人子女。于某姐系周某芳之母，周某玉系周某芳之父。刘某新与诸某系夫妻，刘某平、刘某群、刘某爱、刘某华系二人之女。诸某于2018年6月15日死亡。

2017年3月3日，刘某新与家政中心签订《家政服务合同书》，约定：家政中心为刘某新提供服务人员，合同有效期为2017年3月3日至2018年3月3日，刘某新向家政中心交纳服务费500元；家政中心在一年内为刘某新调换不合适的服务人员；刘某新要按月给家政中心服务人员结算劳务报酬。上述合同签订后，刘某新支付了服务费，家政中心先后为刘某新介绍了三位家政服务人员，第三位为周某芳，周某芳于2017年8月6日开始为刘某新、诸某提供家政服务，劳务费由刘某新、诸某按月以现金形式支付。周某芳于2017年8月14

日在医院进行了健康检查，检查记录显示其健康状况无异常。

2017年9月16日上午，因周某芳身体不适，未能起床做早饭，刘某新、诸某联系刘某平，刘某平陈述其因已预约手术，在周某芳告知其已不难受后，继续手术，于中午赶到刘某新家中，联系周某芳家人并给家政中心打电话。14时33分，刘某平与周某芳女儿包某婷取得联系，通知其周某芳生病，并告知了其刘某新家庭住址。17时10分，家政中心工作人员岳某到达刘某新家。

在本案立案受理前，包某能、包某婷、包某、于某姐、周某玉于2017年11月14日起诉刘某平、岳某、家政中心至法院，经法院开庭审理后撤回起诉，在该案2018年3月28日庭审中，包某婷到庭陈述：2017年9月16日14时33分刘某平通知其母亲生病；其于16时到达刘某新家；其母亲躺在刘某新家床上，没有盖被子，褥子是湿的，能说话。在法庭询问其为何没有拨打急救电话时，包某婷回答："我以为是闹矛盾，不知道是什么情况，想等我姨夫来。"包某能、包某婷、包某、于某姐、周某玉认可包某婷赶到刘某新家的时间为当日17时40分。包某婷到达后，家政中心工作人员岳某拨打急救电话，刘某新、刘某平、刘某群、刘某爱、刘某华称包某婷拒绝叫救护车，称等其姨夫来拉去就医；当日18时30分，刘某平与岳某同时拨打急救电话；后包某婷姨夫赶到；18时40分，岳某所拨打的急救车赶到。根据刘某平提交的通话录音显示，急救车赶到时，急救医生表示周某芳已经没有反应了。后周某芳被送至医院，诊断证明记载：周某芳因猝死，于2017年9月16日就诊于我院急诊，来诊时无呼吸及心跳，于2017年9月16日22：06宣布临床死亡。后周某芳家属向派出所报案，公安局进行尸检后出具死亡证明，载明周某芳死因为心脏病；公安局同时出具关于周某芳死亡的调查结论，载明该人死亡不属于刑事案件。

庭审中，刘某新、刘某平、刘某群、刘某爱、刘某华陈述：当日两次询问周某芳情况时其均称不难受了，不用打急救电话，刘某平要求其提供家属电话周某芳不给，称其自己给家属打电话，后刘某平通过周某芳外甥才联系上包某婷。根据刘某平提供的通话录音显示：2017年9月16日15时周某芳曾出现呕吐现象。法院询问刘某新、刘某平、刘某群、刘某爱、刘某华在周某芳褥子是湿的情况下为何没有及时拨打120，刘某新、刘某平、刘某群、刘某爱、刘某华回答称：包某婷到达之前，我方三次与包某婷通话，包某婷均表示周某芳没事，拒绝拨打急救电话。

本案审理中，刘某新、刘某平、刘某群、刘某爱、刘某华表示出于人道主义愿意补偿包某能、包某婷、包某、于某姐、周某玉2万元。

【案件焦点】

刘某新、刘某平、刘某群、刘某爱、刘某华、家政中心是否存在过错，是否履行了及时救助的义务。

【法院裁判要旨】

北京市海淀区人民法院经审理认为：刘某新、刘某平、刘某群、刘某爱、刘某华对于周某芳的死亡不存在过错，不应当承担赔偿责任，

首先，周某芳的死亡系因心脏病所致，并非因提供劳务造成；其次，刘某新、刘某平、刘某群、刘某爱、刘某华也不存在包某能、包某婷、包某、于某姐、周某玉所述的没有及时告知家属、延误救治情形。周某芳作为成年人，对于自身疾病、身体不适程度的感知程度远超其他人。在身体出现不适后，在自身条件允许的情况下，周某芳自己应当及时就医，而并不是拖延病情直至依赖其他人拨打急救电话。根据包某婷的陈述，其于当日下午到达刘某新家时，周某芳尚能讲话，表明周某芳意识尚清醒；故即使如包某能、包某婷、包某、于某姐、周某玉所述，周某芳前一日已经出现身体不适的情况，那么在意识清醒的情况下，如此长时间身体不适，周某芳完全可以自行就医、寻求雇主帮助送其就医或者自行拨打急救电话等，而不是放任病情的加剧。刘某新、刘某平、刘某群、刘某爱、刘某华已经及时通知了周某芳的家属。包某婷于9月16日14时33分接到刘某平电话告知其母亲生病后，虽未亲眼见到周某芳的情况，但作为直系亲属，理应比第三人尽到更多的注意及关心义务；并且在赶往刘某新家的路上，包某婷三次接到刘某平电话，理应意识到事情的严重性，而急救电话的拨打并不受时间和地域的限制，即使未能赶到现场，包某婷也完全可以拨打

急救电话送周某芳就医。遗憾的是，包某婷直至赶到现场，目睹了周某芳的情况，仍然未能及时送周某芳就医，而是坚持等了近一个小时直至其姨夫到来，在此情况下，法院实在无法认定刘某新、刘某平、刘某群、刘某爱、刘某华延误了周某芳的治疗。本案事发时，刘某新 90 岁，诸某 89 岁，事发时刘某新亦身体不适，两位老人雇用周某芳即为照顾自己的生活起居，而周某芳的体检记录亦显示其健康状况无异常，在周某芳出现身体不适后，无法苛责两位并无医学背景的老人尽到比一般人更多的注意义务，刘某新与诸某已经及时通知了子女寻求帮助，而其子女亦及时通知了周某芳家属，作为雇主，刘某新与诸某已经尽到了相应的义务。

关于家政中心是否应当承担赔偿责任，法院认为，根据家政中心与刘某新所签订的合同内容，家政中心系作为居间人为刘某新介绍家政服务人员，与周某芳之间不存在雇佣关系，而周某芳的健康检查记录亦无异常，可以提供家政服务，周某芳系因自身疾病导致死亡，家政中心对此并无过错，不应当承担赔偿责任。关于家政中心营业执照被吊销后仍然从事经营活动一节，属工商行政管理部门行政管理职权范围，不属于民事案件审理范围，故法院对于刘某新、刘某平、刘某群、刘某爱、刘某华的该项抗辩意见不予采纳。

刘某新、刘某平、刘某群、刘某爱、刘某华表示出于人道主义自愿补偿包某能、包某婷、包某、于某姐、周某玉 2 万元，对此法院不持异议。

诉讼中，家政中心经法院合法传唤，无正当理由未到庭参加诉讼，视为其放弃答辩及质证的权利。

北京市海淀区人民法院依据《中华人民共和国侵权责任法》第六条、第三十五条，《中华人民共和国民事诉讼法》第一百四十四条规定，判决：

一、刘某新、刘某平、刘某群、刘某爱、刘某华于本判决生效后七日内自愿补偿包某能、包某婷、包某、于某姐、周某玉 20000 元；

二、驳回包某能、包某婷、包某、于某姐、周某玉的全部诉讼请求。

包某能、包某婷、包某、于某姐、周某玉不服一审判决，提起上诉。

审理过程中，包某能、包某婷、包某、于某姐、周某玉以与刘某新、刘某平、刘某群、刘某爱、刘某华达成庭外和解协议为由，向法院申请撤回上诉。

北京市第一中级人民法院经审理认为：包某能、包某婷、包某、于某姐、周某玉在本案审理期间提出撤回上诉的请求，不违反法律规定，法院应予准许。依据《中华人民共和国民事诉讼法》第一百七十三条规定，裁定：

准许包某能、包某婷、包某、于某姐、周某玉撤回上诉。

【法官后语】

《中华人民共和国民法典》第一千一百九十二条第一款规定，个人之间形成劳务关系，提供劳务一方因劳务造成他人损害的，由接受劳务一方承担侵权责任。接受劳务一方承担侵权责任后，可以向有故意或者重大过失的提供劳务一方追偿。提供劳务一方因劳务受到损害的，根据双方各自的过错承担相应的责任。该条确定了个人之间形成劳务关系的情况下，提供劳务一方因劳务自己受损，接受劳务一方承担的责任为过错责任。但是，对于提供劳务者在提供劳务过程中因自身疾病受有损害的情况，法律上并无明确规定，对此，笔者认为，该种情况仍应以《中华人民共和国民法典》第一千一百九十二条为依据，接受劳务一方承担过错责任，但应区分以下几种情况：

1. 接受劳务一方有义务对提供劳务者的身体健康情况进行基本审查，不得要求提供劳务者提供与其健康状况不适应的劳务。接受劳务一方在与提供劳务者建立劳务关系时，有义务审查提供劳务者的基本情况，特别是家政服务这种相对长期、固定的劳务关系。但是这种审查应当是基本的，疾病的发生有多种原因，不能对接受劳务方过于苛责。对于因未尽审查义务而要求提供劳务者从事与其健康状况明显不符的劳务导致提供劳务者受损的情况，雇主应当根据过错程度承担赔偿责任。

2. 如接受劳务一方对提供劳务一方疾病的产生有过错，则需要根据过错程度承担相应责任。提供劳务一方在提供劳务过程中产生的疾病如因劳务本身或接受劳务一方的原因所致，则接受劳务一方需要根据过错程度承担责任。

3. 提供劳务一方因自身原因突发疾病，接受劳务一方负有基本的救助义务，未提供救助义务的，应当根据过错程度承担责任，但该救助义务不应超过正常人认知的必要和合理的限度。家政服务类的劳务，接受劳务方与提供劳务方的人身依附关系较为紧密，在此情况下，对于提供劳务方的突发疾病，接受劳务一方负有及时救助的义务，如接受劳务一方未履行该义务，则应当承担相应责任。对于人身依附关系比较紧密的劳务关系而言，该救助义务应当为接受劳务一方的法定义务，若违背该义务，应当承担法律责任。但是，对于不具备医学专业知识的普通人而言，对疾病的产生和发病的判断和认知不能超过正常合理的限度，不能以专业人员的标准要求普通雇主，因此雇主的及时救助义务不能被无限放大。如果雇主已经尽到了及时发现、询问、告知等义务，则不能再苛责雇主以更为专业或更为严格的标准去履行救助义务。

具体到本案而言，周某芳身体不适的很长时间内，其意识都是清醒的，能够自主表达，雇主也询问了其是否就医，其明确表示拒绝并拒绝提供家属联系方式；在雇主通过其他方式联系到家属并且家属到场的情况下，家属也并未将周某芳及时送医，在此情况下，雇主基于正常人的认知和判断，并不能确定周某芳病情的情况及其发展情况，也无法将其强制送医，因此，在本案中，雇主并无过错，无须承担责任。雇主出于人道主义给予周某芳家属的补偿，系基于其自愿，而非法定的赔偿义务。

编写人：北京市海淀区人民法院　孟昕伟

四、雇主与其他被告、第三人之间的责任划分

19

转包、分包后的提供劳务者受害过错责任如何认定

——周某娥等诉刘某明等提供劳务者受害责任案

【案件基本信息】

1. 裁判书字号

湖南省新田县人民法院（2020）湘1128民初223号民事判决书

2. 案由：提供劳务者受害责任纠纷

3. 当事人

原告：周某娥、周某明、周某鹏

被告：刘某明、周某保、周井某、周某球、刘某西、刘某大、刘某春、刘某桂、刘某文

【基本案情】

刘某明2019年在本村新建住宅（三层），将房屋建筑工程发包给刘某西、刘某大、刘某春、刘某文、刘某桂及刘某明本人共六人。刘某西等六人将房屋吊砖及建筑材料等事务发包给周某保，设备由周某保自行提供。本案吊砖用的设备属周某保、周某球两人共有。周某保邀请同村的周井某、周某球、周某祥

一起做工，四人同工同酬。2019 年 5 月 10 日下午，房屋二层完工，周某保等四人为三楼吊砖时，在房屋平台面工作的人员因操作不当导致斗车内装载的部分红砖掉落，砸伤地面施工未佩戴安全帽的周某祥头部。周某祥受伤后当即被送往医院抢救治疗。

周某祥主要损伤诊断为：开放性颅脑损伤重型；双侧顶叶多发性大脑挫裂伤伴左侧顶叶血肿，脑室积血；蛛网膜下腔出血；凹陷性顶骨骨折；头皮挫伤伴裂伤；脑干损伤；肺部感染。2019 年 6 月 6 日，周某祥因病情严重，无法医治，出院被运回家中。2018 年 6 月 18 日，周某祥因病医治无效去世。周某祥受伤后，刘某明在中医院为周某祥支付 1500 元医疗费。周某祥在中医院住院的费用未结账，在医院住院的费用报销 44000 元。

另查明，周某祥系农村户口，死亡时无被抚养人。第一顺序继承人为周某娥、周某明、周某鹏。

【案件焦点】

工程多次转包后，如何划分周某祥及周某娥、周某明、周某鹏各自应承担的责任。

【法院裁判要旨】

湖南省新田县人民法院经审理认为：周某保、周某球、周井某、周某祥一并承揽了吊砖事务，同工同酬，周某祥在务工时受伤致死，吊砖事务的合伙人均应承担周某祥死亡经济损失的连带赔偿责任，周某祥本人在务工时无安全意识，不佩戴安全帽，也应对自身死亡承担部分责任。刘某西、刘某大、刘某春、刘某文、刘某桂、刘某明作为建筑房屋的承揽人，将吊砖事务发包给周某保等四人，未提供安全的施工场地，未提请安全注意事项，导致事故的发生，刘某西等六人也应承担周某祥死亡部分经济损失的连带赔偿责任。刘某明作为房主，是建房的受益人，有提请注意安全的义务，也应承担部分经济损失的赔偿责任。

湖南省新田县人民法院依照《中华人民共和国侵权责任法》第六条、第八条、第十三条、第十五条、第十六条、第十八条、第二十二条、第二十六条、

第三十五条，《最高人民法院关于审理人身损害赔偿案件适用法律若干问题的解释》第二条、第三条、第四条、第五条、第十条、第十七条、第十八条、第十九条、第二十条、第二十一条、第二十二条、第二十三条、第二十四条、第二十九条、第三十一条、第三十四条、第三十五条，《中华人民共和国合同法》第二百五十一条，《中华人民共和国民事诉讼法》第六十四条、第一百四十四条规定，判决：

一、由周某保、周某球、周井某连带赔偿周某娥、周某明、周某鹏因周某祥受伤致死经济损失及精神损失116000元；

二、由刘某西、刘某大、刘某春、刘某文、刘某桂、刘某明连带赔偿周某娥、周某明、周某鹏因周某祥受伤致死经济损失及精神损失88000元；

三、由刘某明作为房屋受益人赔偿周某娥、周某明、周某鹏因周某祥受伤致死经济损失及精神损失28000元（刘某明已付的1500元从应付的赔偿款中扣减）；

四、驳回周某娥、周某明、周某鹏的其他诉讼请求。

【法官后语】

承揽人在完成工作过程中对第三人造成损害或者造成自身损害的，定作人不承担赔偿责任。但定作人对定作、指示或者选任有过失的，应当承担相应的赔偿责任。被侵权人对损害的发生也有过错的，可以减轻侵权人的责任。

本案主要涉及的焦点问题是：工程多次转包后，如何划分原告及多位被告各自应承担的责任。

首先，刘某明作为定作人，未尽到提请注意安全的义务，应承担部分经济损失的赔偿责任。

其次，刘某明将房屋建筑工程发包给刘某西、刘某大、刘某春、刘某文、刘某桂及刘某明本人共六人，刘某西等六人作为承揽人未提供安全的施工场地，未提请安全注意事项，导致事故的发生，刘某西等六人应承担周某祥死亡部分经济损失的连带赔偿责任。

再次，周某保、周某球、周井某、周某祥一并承揽了吊砖事务，同工同酬，周某祥在务工时受伤致死，吊砖事务的合伙人均应承担周某祥死亡经济损失的连带赔偿责任。

最后，周某祥本人在务工时无安全意识，不佩戴安全帽，也应对自身死亡承担部分责任。

编写人：湖南省永州市新田县人民法院　廖江恒

20

违法分包的推定

——应某诉工程公司提供劳务者受害责任案

【案件基本信息】

1. 裁判书字号

浙江省台州市仙居县人民法院（2019）浙 1024 民初 4888 号民事判决书

2. 案由：提供劳务者受害责任纠纷

3. 当事人

原告：应某

被告：工程公司

第三人：大饭店、陈某、黄某

【基本案情】

工程公司经营范围包括机电设备安装工程、消防设计及施工工程、水利水电设备安装工程等。工程公司向案外人地产集团承包了位于大饭店的排水、电气、消防水、消防电、暖通工程项目。应某通过陈某召集在工程公司工地从事拉电缆工作。2019 年 6 月 29 日下午，应某在拉电缆过程中受伤，应某受伤后在医院等接受治疗，其中住院治疗 11 天，出院后医嘱建议休息 4 个月。2020

年7月28日经劳动能力鉴定委员会鉴定，应某构成九级伤残。应某在工地做工每日收入170元，确定月收入为3697.5元。2018年浙江省在岗职工年平均工资为66432元。事故产生的损失：医疗费19572.05元，医辅费17元，一次性伤残补助金33277.5元，一次性就业补助金4428.8元，一次性工伤医疗补助金22144元，停工留薪期间工资16158.08元，交通费酌情确定300元，合计95897.43元。

【案件焦点】

应某能否参照工伤标准获得赔偿。

【法院裁判要旨】

浙江省仙居县人民法院经审理认为：工程公司将水电安装工程中的部分项目发包给不具备用工主体的案外人，应某受案外人招用，在施工过程中受伤，工程公司作为最近的上一层转包、分包关系中具备合法用工主体资格的单位，应参照工伤标准承担民事赔偿责任。其抗辩未违法分包，亦未招用黄某、陈某、应某等人，但在法院两次要求其提供该工地实际负责人员信息及参与做工人员的名单等证据时，无任何理由拒不提供，对该抗辩不予采信。根据陈某陈述及应某的就诊记录等证据，应某在大饭店拉电缆过程中受伤存在高度可能性，对该事实予以确认。应某作为不固定收入者，其自认工作时的170元/天收入标准符合仙居县同行业同时段的收入水平，法院采纳应某的主张，根据每月计薪天数21.75天，酌情确定应某的月收入为3697.5元。对于应某主张的各项费用问题：1. 医疗费用，虽然应某提供的两张付款凭证没有正式发票，也无病历对应，但该付款凭证内容均为挂号费，且对应时间也有就诊记录，主张的医疗费发票系检查费用，亦有对应检查报告单，且为受伤部分的检查，故对该笔费用，法院予以支持；对于医辅费，确系应某住院所需，法院予以支持；2. 一次性伤残补助金，依据《工伤保险条例》第三十七条规定，应某经鉴定构成九级伤残，一次性伤残补助金为9个月本人工资；3. 一次性工伤医疗补助金及一次性就业补助金，依据《浙江省工伤保险条例》第二十七条规定，应某受伤后未再回到工地上班，可视为双方解除了劳务关系，应某受伤时年满59周岁，故应当支付一次性就业补助金，参照受伤时上一年度即2018年度浙江省职工月平均工资计算；4. 停工留薪期间工资，虽然应某在受伤后，不足两天就年满60周岁，但应某受伤误工期为4个月又11天，应当连续计算停工留薪期间。

浙江省仙居县人民法院依照《最高人民法院关于审理工伤保险行政案件若干问题的规定》第三条，《工伤保险条例》第三十三条、第三十七条和《中华人民共和国民事诉讼法》第一百四十四条规定，判决：

一、工程公司自本判决生效之日起十五日内赔偿应某各项损失共计95897.43元；

二、驳回应某的其他诉讼请求。

【法官后语】

在工程施工过程中，因“专业人做专业事”，故普遍存在多层分包或者层层转包现象。理论上，分包、转包应发生在具备用工主体资格的自然人或者组织之间，但社会上普遍存在分包、转包给不具备用工主体资格的自然人或者组织的现象。在工程款支付上，该行为违法违规，相关协议确认无效，但因工程竣工验收合格，可参照合同约定支付工程价款。同理，在这违法违规分包、转包中，发生的因工受伤事故引起的民事赔偿纠纷，即提供劳务者受害责任纠纷，不能因该违法违规行为而让相关工伤保险用人单位免于承担，此时，就应由能够追溯到的最近一级有用工资质的单位承担民事赔偿责任。

《中华人民共和国社会保险法》对工伤保险制度作了规定，但对特殊情况下承担工伤保险责任的用人单位未作规定。为此，《最高人民法院关于审理工伤保险行政案件若干问题的规定》特别在第三条对五种特殊情况下承担工伤保险责任的单位进行了规定，其中第四项规定“用工单位违反法律、法规规定将承包业务转包给不具备用工主体资格的组织或者自然人，该组织或者自然人聘用的职工从事承包业务时因工受伤的，用工单位为承担工伤保险责任的单位”。

但是，对不存在劳动关系情况下的用工单位是否存在违法性的转包、分包无相关规定，需要进行进一步的认定“违法性”才能确定责任主体。本案中，大饭店的水电工程由地产集团分包给工程公司，工程公司是具备用工主体资格的。虽然没有证据证明工程公司直接分包给黄某，再由黄某分包给陈某，并且工程公司称不存在分包，是自行组织施工的，亦未招用黄某、陈某和应某等，但是工程公司在法院两次要求提供相应的用工情况、合同等证据时，无任何理由拒不提供，所以对关于工程公司该方面的抗辩不予采信，从而可以对工程公司做不利推定，工程公司明显将其承包的部分工作分包给不具备主体资格的自然人，进而认定存在违法分包、转包的情况。

通过对用工单位没有证据证明分包、转包合法性且对于辩称分包、转包合法性法院要求其提供而无正当理由拒不提供用工情况证据的，可以进行违法分包的推定。确定违法性后，不具备用工主体资格的自然人聘用的职工应某从事承包业务时因工受伤，根据现有证据能够追溯到的最近一级有用工资质的单位应当承担用工主体责任，可以确定该单位为承担工伤保险责任的单位，因此而承担参照工伤的民事赔偿责任。

编写人：浙江省仙居县人民法院　王婳绮　李庭

21

建设工程层层转包、违法分包情况下提供劳务者受害责任承担主体的认定

——霍某诉刘某鹏等提供劳务者受害责任案

【案件基本信息】

1. 裁判书字号

山东省济南市中级人民法院（2020）鲁01民终11020号民事判决书

2. 案由：提供劳务者受害责任纠纷

3. 当事人

原告（被上诉人）：霍某

被告（上诉人）：刘某鹏、建设一公司

被告（被上诉人）：刘某江、建设公司

被告：工程公司

第三人：劳务公司

【基本案情】

建设公司作为涉案工程的总承包单位，将涉案工程全部违法转包给建设一公司。建设一公司将涉案工程转包给没有资质的案外人孙某，孙某又将涉案工程1~3号楼的外墙保温工程转包给工程公司，工程公司又将1号楼的外墙保温清工工程违法承包给没有资质的刘某鹏，刘某鹏雇用霍某从事具体劳务。建设一公司与劳务公司之间无转包、分包关系。

刘某江介绍霍某到涉案工地干活。2018年8月10日，霍某到涉案工程的1号楼从事外墙粉刷工作。其间，霍某未佩戴安全帽或安全带、安全绳等，施工过程中，因其所踩架板突然断裂，霍某从5楼坠落摔伤。事发后，霍某被送往医疗治疗。经鉴定霍某双下肢截瘫构成一级伤残。

【案件焦点】

1. 各方责任如何承担；2. 霍某各项损失如何认定。

【法院裁判要旨】

济南市长清区人民法院经审理认为：法院对霍某受伤的过程予以认定。第一，霍某明知在5楼施工作业要佩戴安全帽或安全带等保护设备但未佩戴，对自身受伤具有一定过错。综合本案案情、施工当时的情况以及霍某的伤情，法院酌定由霍某自行承担20%的责任为宜。第二，刘某江仅系介绍霍某去涉案工地干活的人员，不是霍某的雇主，亦未参与涉案工程，故霍某受伤与其无关。霍某要求刘某江承担本案责任，无事实及法律依据，法院不予支持。第三，刘某鹏认可其雇用霍某从事劳务活动，霍某亦系在从事劳务活动中受伤，故刘某鹏作为雇主，应对霍某的受伤承担责任。鉴于霍某对自身受伤存在一定过错，法院酌定由刘某鹏承担80%的责任为宜。第四，建设公司作为涉案工程的总承包单位，将全部工程违法转包给建设一公司，违反《中华人民共和国建筑法》第二十九条规定。但该违法分包行为仅在建设单位、总承包单位、分包单位之间引起权利义务关系的变化。霍某非建设单位，其依照该条法律规定要求建设公司承担责任，法院不予支持。另外，建设一公司具有相应资质，霍某亦不能依据《最高人民法院关于审理人身损害赔偿案件适用法律若干问题的解释》第十一条规定要求建设公司承担赔偿责任。综上，霍某要求建设公司承担赔偿责任，于法无据，法院不予支持。第五，孙某、刘某鹏均没有相关施工资质。建设一公司、工程公司作为分包方，均应与雇主刘某鹏承担连带赔偿责任。第六，孙某在涉案工程中承担的角色已经查清，霍某在本案中未向孙某主张权利，系对其自身权益的处分，不影响本案的裁判，对孙某的责任法院不作分析。综上，刘某鹏应对霍某的伤情承担80%的赔偿责任，建设一公司、工程公司均应与刘某鹏承担连带赔偿责任。

关于霍某各项损失的认定。依据相关法律规定，结合霍某提交的证据，法院认定刘某鹏应赔偿霍某医疗费104274.76元、误工费45100.80元、护理费677264元、住院伙食补助费15920元、伤残赔偿金（含被扶养人生活费）712905.33元、交通费1600元、营养费24000元、手术后护具费1200元、轮椅费212.80元、辅助恢复器费1331.61元、鉴定费1040元、精神损害抚慰金5万元；建设一公司、工程公司对此承担连带赔偿责任。

济南市长清区人民法院依照《中华人民共和国侵权责任法》第十六条、第二十二条，《最高人民法院关于审理人身损害赔偿案件适用法律若干问题的解释》第十一条，《最高人民法院关于确定民事侵权精神损害赔偿责任若干问题的解释》第八条，《中华人民共和国民事诉讼法》第六十四条、第一百四十四条规定，判决：

一、刘某鹏于本判决生效之日起十日内赔偿霍某医疗费104274.76元；

二、刘某鹏于本判决生效之日起十日内赔偿霍某误工费45100.80元；

三、刘某鹏于本判决生效之日起十日内赔偿霍某护理费677264元；

四、刘某鹏于本判决生效之日起十日内赔偿霍某住院伙食补助费15920元；

五、刘某鹏于本判决生效之日起十日内赔偿霍某伤残赔偿金（含被扶养人生活费）712905.33元；

六、刘某鹏于本判决生效之日起十日内赔偿霍某交通费1600元；

七、刘某鹏于本判决生效之日起十日内赔偿霍某营养费24000元；

八、刘某鹏于本判决生效之日起十日内赔偿霍某手术后护具费1200元、轮椅费212.80元、辅助恢复器费1331.61元；

九、刘某鹏于本判决生效之日起十日内赔偿霍某鉴定费1040元；

十、刘某鹏于本判决生效之日起十日内赔偿霍某精神损害抚慰金5万元；

十一、建设一公司、工程公司对上述第一项至第十项给付内容承担连带赔偿责任；

十二、驳回霍某的其他诉讼请求。

建设一公司、刘某鹏不服一审判决，提起上诉。

山东省济南市中级人民法院经审理同意一审法院裁判意见，依照《中华人民共和国民事诉讼法》第一百七十条第一款第一项规定，判决：

驳回上诉，维持原判。

【法官后语】

在提供劳务者受害责任纠纷案件中，提供劳务者仅系提供具体劳务的个人，对于整个工程来说，往往存在多层分包、转包。在分包、转包的过程中，违法分包、违法转包的情况也时常存在。在这种情况下，对在涉案工程中承担不同角色的转包人、分包人，是否应该承担具体的赔偿责任，是法院裁判的重点和难点。

《中华人民共和国建筑法》第二十九条规定了连带责任的承担，责任承担指向的是建设单位，旨在明确总承包单位和分包单位在分包过程中就建设工程质量对建设单位所应负的责任，背后的立法深意在于建设单位将涉案工程分包给总承包单位系对总承包单位建设能力的信任，故建筑工程主体结构的施工必须由总承包单位自行完成，且在将其他工程部分分包的情况下，总承包单位应就建设工程质量与分包单位一起向建设单位承担连带责任。

读懂法律规定背后的立法深意，再看本案中建设公司的责任承担问题就简单明了了。建设公司将全部工程转包给建设一公司，构成违法转包，但建设一公司具有相应资质，故该违法分包行为的后果系其应与建设一公司一起向建设单位承担连带责任，并不引起建设公司对霍某受伤承担连带赔偿责任的法律后果。而建设一公司将涉案部分工程分包给没有施工资质的孙某，工程公司将部分工程承包给没有相关施工资质的刘某鹏，均应与雇主刘某鹏承担连带赔偿责任。

编写人：山东省济南市长清区人民法院　尚然然

22

无意思联络数人侵权根据侵权行为与结果之间原因力的大小分担损失

——王某诉房业公司等提供劳务者受害责任案

【案件基本信息】

1. 裁判书字号

湖北省黄冈市英山县人民法院（2020）鄂1124民初1123号民事判决书

2. 案由：提供劳务者受害责任纠纷

3. 当事人

原告：王某

被告：房业公司、胡某、县医院

【基本案情】

2019年3月16日，房业公司与胡某签订了《外墙干挂石材工程施工合同》，约定房业公司以包工包料的方式将玻璃幕墙干挂石材承包给胡某。2019年4月7日11时，王某在该工地从事外墙钢挂过程中，从架子上摔到地上受伤，后被送往县住院治疗8天后转院至中南医院继续治疗8天。2019年4月23日转回县医院住院治疗10天。2019年11月13日，王某伤情经县医院法医司法鉴定所评定为九级伤残，后期治疗费21000元，误工期360日，护理期150日，营养期60日。

审理过程中，王某于2020年10月18日向法院申请对右上臂桡神经损伤进行伤残等级鉴定，后自愿撤回对外委托申请，法院依照相关法律规定终结对外委托鉴定程序。

另查明，2019年8月20日，王某在县医院进行康复诊疗过程中进行物理因子+关节松动训练时造成尺骨鹰嘴骨折的继发损伤。双方已经私下达成协议，由县医院赔偿王某98000元，该款已经赔付到位。胡某没有建筑资质。胡某先行垫付医疗费76477.01元、护理费1700元、交通费820元、鉴定费2500元，共计81497.01元。2020年11月30日，王某因做肱骨骨刺清除和尺骨鹰嘴骨折钢钉取出的手术，在中南医院住院治疗4天。

【案件焦点】

王某在提供劳务受伤后住院期间又在康复诊疗过程中遭受二次伤害，两次伤害各自责任分摊比例如何认定。

【法院裁判要旨】

湖北省黄冈市英山县人民法院经审理认为：本案王某的伤害结果是由王某从高处坠落造成的右肱骨骨折与在县医院康复治疗过程中的尺骨鹰嘴骨折共同形成的。王某的第一次伤害纠纷是提供劳务者受害责任纠纷，根据各方过错承担相应的民事责任。第二次伤害纠纷是医疗损害责任纠纷，本次伤害王某无过错，县医院承担全部民事责任。两次伤害共同造成王某九级伤残的结果，根据司法所鉴定意见王某的伤残后果与高坠及医疗损害均存在因果关系，且两次外伤参与度各占50%，故在伤残赔偿金及精神抚慰金部分共计156404元，按照两次事故平均分摊78202元。王某第一次受伤在县医院住院8天，在中南医院住院8天，后又转回县医院住院10天出院。在此期间产生的医疗费均是第一次伤害所产生的费用；王某在2019年8月20日康复治疗过程中的第二次伤害医疗费用由县医院自行处理，未纳入本案医疗费之列。王某的后续治疗费用、误工、护理等各项费用中，第一次伤害是主要原因，第二次伤害是次要原因，但因是共同叠加作用的结果，无法准确划分责任，依法酌情认定上述几项费用中第一次伤害占80%的责任比例，第二次占20%的责任比例。

王某与县医院双方协商由县医院一次性赔偿王某98000元，是双方真实意思表示，法院予以确认。王某已经接受赔款，放弃要求县医院再承担赔偿责任，属自行处分的民事权利，符合法律规定，法院予以认可。

综上，经法院确认王某因提供劳务而造成的损失为218826.08元。

王某受同行邀约，接受胡某安排，从事外墙钢挂工作，双方之间形成了劳务关系。胡某虽然提供了安全带和安全绳，但在高空作业时未设置安全网等防护措施，安全措施不到位，应承担主要责任。故法院酌定由其承担50%赔偿责任，向王某支付赔偿款109413.04元，扣除已经垫付的81497.01元，胡某还应支付27916.03元。房业公司作为发包方，将该高空作业工程发包给不具备相应资质的自然人胡某，存在选任过错，又未提供安全保障设施，应当承担相应的民事赔偿责任，法院酌定由其承担20%赔偿责任，赔偿王某43765.22元。王某作为建筑工人，未尽到安全注意义务、疏忽大意，对于自己的受伤存在一定过错，其自身应当承担一定的责任，其余损失由王某自行承担。

综上所述，湖北省黄冈市英山县人民法院依照《中华人民共和国侵权责任法》第十六条、第三十五条，《最高人民法院〈关于审理人身损害赔偿案件适用法律若干问题的解释〉》第十条、第十七条，《最高人民法院关于确定民事侵权精神损害赔偿责任若干问题的解释》第一条、第十条，《中华人民共和国民事诉讼法》第一百四十二条规定，判决：

一、房业公司赔偿王某各项损失 43765.22 元，限在本判决生效后十五日内付清；

二、胡某赔偿王某各项损失 109413.04 元，扣除胡某先行垫付的费用 81497.01 元外，还应赔偿王某的各项损失 27916.03 元，限在本判决生效后十五日内付清；

三、驳回王某其他诉讼请求。

【法官后语】

数人侵权行为的处理及责任分摊问题是民事审判的热点和难点。无意思联络数人侵权行为作为数人侵权行为的其中一种，是指数个行为人事先没有共同故意也没有共同过失，只是由于各自的行为与损害结果之间客观上的联系，造成了同一个损害结果的侵权行为类型。

构成无意思联络的数人侵权须存在多个侵权行为人，并且每个人都实施了侵权行为，这数个侵权行为偶然结合后导致了同一损害的发生。但是每个侵权行为单独作用却不一定能导致全部损害的发生。从上述案例来看，王某的九级伤残是高坠和医疗损害共同造成的结果。案例中存在两种侵权责任，分别是提供劳务受害责任和医疗损害责任。赔偿权利人选择其中部分加害人主张权利，获得赔偿，不论从该部分加害人处获得多少或者主张范围多少，均不影响赔偿权利人就其他加害人的加害行为主张赔偿责任。故即使王某已经在诉前与县医院就医疗损害责任部分的赔偿达成一致意见，也不影响其以提供劳务受害为由起诉胡某及房业公司。

填平原则是损害赔偿的基本原则，在无意思联络的数人侵权场合下，当其中部分加害人已经赔偿时，避免赔偿权利人获利，应当减免其他加害人赔偿责任。本案在审理过程中，追加了县医院作为被告，虽然其与王某之间就医疗损害的部分已经协商达成一致意见，但为了能够更好地确定责任分摊比例，故而将其追加进来。本案在处理时，承办人认为九级伤残涉及的精神抚慰金及伤残赔偿金可以按照两次外伤参与度各占 50% 均摊。但考虑到王某诉求的赔偿范围中并未包含医疗损害所产生的医疗费以及因医疗损害住院产生的营养费、护理费、误工费、住院伙食补助费等，且医疗损害是在康复诊疗过程中造成的，其针对提供劳务损害的主要诊疗过程已经基本完成。医疗费、后续治疗费、误工费、护理费、营养费、住院伙食补助费、交通费、鉴定费这几项费用如果按照参与度各占50%计算不符合填平原则的要求，考虑到第一次伤害是主要原因，第二次伤害是次要原因，但因是共同叠加作用的结果，无法准确划分责任，故上述几项费用按照第一次伤害占80%的责任比例，第二次伤害占20%的责任比例处理较为适宜。

针对不同的赔偿项目采取了不同比例的责任分摊方式，是结合了填平原则和案件实际情况等因素综合考量做出的处理，既保证了侵权人能够承担相应的责任，也避免了赔偿权利人可能存在的获利，侵权人和赔偿权利人的利益都得到了保障。

编写人：湖北省英山县人民法院　付启

23

共同侵权行为中的部分侵权人可以作为被告

——杜某诉黄某、建筑公司提供劳务受害责任案

【案件基本信息】

1. 裁判书字号

吉林省通化市柳河县人民法院（2020）吉0524民初1074号民事判决书

2. 案由：提供劳务者受害责任纠纷

3. 当事人

原告：杜某

被告：黄某、建筑公司

【基本案情】

2020年7月，大酒店挂靠建筑公司从事大酒店项目建设，黄某分包了工地的钢筋工程，杜某受黄某雇用，在工地从事钢筋下料工作。2020年8月9日，杜某在作业时被钢筋挤伤右手拇指，事故发生后，杜某入院治疗8天，诊断为右手拇指指骨骨折、右手拇指软组织裂伤，花医疗费4435.52元。庭审中，杜某申请对其伤残等级进行司法鉴定，经法院委托，司法鉴定中心出具鉴定意见书，鉴定意见为被鉴定人杜某右手拇指末节指骨多段粉碎性骨折未达伤残评定标准。

【案件焦点】

黄某、建筑公司对杜某的损失应否承担赔偿责任。

【法院裁判要旨】

吉林省柳河县人民法院经审理认为：本案属于共同侵权案件，大酒店作为施工单位挂靠建筑公司进场施工，黄某在未取得施工资质的情况下承包了工程的钢筋项目，杜某受黄某雇用到工地做工。虽然黄某称在其与建筑公司之间尚有于某和岳某两位违法分包人，应与其共同承担赔偿责任。但在连带责任归责原则下，杜某有权选择起诉的对象及主张权利的依据，杜某以身体权遭受侵害为由提起诉讼，大酒店及于某、岳某两位违法发包人作为可能的雇主，并非本案必要的共同被告，杜某选择建筑公司和黄某作为承担连带赔偿责任符合相关法律规定，法院予以支持。

综上所述，吉林省柳河县人民法院依照《中华人民共和国侵权责任法》第三十五条，《最高人民法院关于审理人身损害赔偿案件适用法律若干问题的解释》第十一条第一款、第二款、第十七条第一款规定，判决：

一、黄某于本判决生效后七日内赔偿杜某合理经济损失16708.08元；

二、建筑公司对本判决第一项承担连带责任；

三、驳回杜某其他诉讼请求。

【法官后语】

人民法院在审理共同侵权案件时，习惯做法是依照《最高人民法院关于审理人身损害赔偿案件适用法律若干问题的解释》第二条“赔偿权利人起诉部分共同侵权人的，人民法院应当追加其他共同侵权人作为共同被告”的规定，将可能实施加害行为的侵权人全部列为案件被告，即使杜某仅起诉部分侵权人，人民法院也要依职权主动追加其他侵权人为共同被告，进而判决各侵权人承担连带赔偿责任。而《中华人民共和国民事诉讼法》第五十二条则以诉讼标的是否为共同或同一种类对共同诉讼进行了划分：如果具有共同的诉讼标的，则为必要共同诉讼，此时当事人具有共同的权利义务，诉讼标的必须合一确定；若诉讼标的只是同一种类，则为普通共同诉讼，当事人不必一同参加到诉讼中。根据《中华人民共和国民法典》第一百七十八条第一款规定，二人以上依法承担连带责任的，权利人有权请求部分或者全部连带责任人承担责任。上述法律规定赋予了受害人选择针对部分或者全部应当承担连带责任的侵权人提起诉讼的权利，此时诉讼标的并不同一。本案中，杜某在对工程项目是否存在其他违法分包人以及尚有几位违法分包人不知情的情况下，选择已知的被告提起诉讼，法院没有必要追加其他可能存在的违法分包人作为本案被告，可以根据杜某选择的部分侵权人径行作出判决，既提高了诉讼效率，节约了诉讼成本，也减轻了当事人的诉累。

编写人：吉林省柳河县人民法院　牛俊涛

24

雇员致害雇员时应以提供劳务者受害责任纠纷维权

——杨某诉王某等提供劳务者受害责任案

【案件基本信息】

1. 裁判书字号

北京市第三中级人民法院（2020）京03民终13647号民事判决书

2. 案由：提供劳务者受害责任纠纷

3. 当事人

原告（被上诉人）：杨某

被告（上诉人）：王某

被告（被上诉人）：冯某、郭某

【基本案情】

2019年7月23日18时50分，冯某驾驶微型货车（车辆所有人为冯某，车上乘坐包括冯某、杨某在内共10人）在高速公路上行驶，车辆发生爆胎后与高速公路护栏相撞，造车车辆多处损坏，乘车人包括杨某等9人受伤，高速公路护栏损坏。后经交通支队认定，冯某负此次事故全部责任，杨某无责任。杨某受伤后被送往急诊抢救中心住院治疗40天，后进行复查，被诊断为右侧颞骨颧突骨折等症。杨某支付医疗费33511.23元，剩余医疗费100798.50元均已通过保险理赔，未在本案中主张。冯某为杨某支付了医疗费12000元，王某为杨某支付了500元现金。杨某所受伤情综合赔偿指数为30%，误工期120日，护理期60日，营养期90日。杨某为此支付鉴定费3650元。

【案件焦点】

1. 杨某在离开工作地点返程途中是否仍旧是雇员身份；2. 雇员在履行职务时致使其他雇员受伤，应当如何认定，责任主体是谁。

【法院裁判要旨】

北京市顺义区人民法院经审理认为：个人之间形成劳务关系，提供劳务一方因劳务造成他人损害的，由接受劳务一方承担侵权责任。提供劳务一方因劳务自己受到损害的，根据双方各自的过错承担相应的责任。本案根据现有证据可以确认，王某从郭某处承包了一项工程，即脚手架搭建和清扫，事发当天的工作是清扫，杨某受王某指派带8个工人去郭某的工地干活，王某安排冯某开车拉工人去现场，车辆为冯某所有。受伤事件发生在杨某一行干完活返回住处的路上，途中应属杨某提供劳务活动过程的延续。王某安排冯某开车接送工人，并由王某决定每个工人包括冯某最终工资数额，王某实际为冯某和杨某的雇主。杨某在提供劳务过程中受伤，王某应当承担赔偿责任。提供劳务者受害责任纠纷与提供劳务者致害责任纠纷不同，前者针对的是雇佣关系内部雇主与雇员即接受劳务者与提供劳务者之间的责任分担，而后者针对的是劳务接受者与雇佣关系之外的他人之间的关系。在归责原则上，前者适用过错责任原则，后者适用无过错责任原则。本案中由于杨某与冯某均为王某的雇员，非雇佣关系之外的他人，因此适用提供劳务者受害责任纠纷处理本案更为适宜。

事发车辆为货车，承载规定为5人，实际承载10人，车辆爆胎也与超载直接相关。杨某在明知货车客运和超载的情况下依旧乘坐，自身对于事故的发生存在过错，应当适当减轻雇主责任，酌定杨某自身承担总损失的20%。

综上，北京市顺义区人民法院依照《中华人民共和国侵权责任法》第十六条、第二十二条、第二十六条、第三十五条，《中华人民共和国民法通则》第一百一十九条、第一百三十一条，《最高人民法院关于审理人身损害赔偿案件适用法律若干问题的解释》第十七条第二款、第十八条第一款、第十九条、第二十条、第二十一条、第二十二条、第二十三条、第二十四条、第二十五条、第二十八条规定，判决：

一、王某赔偿杨某医疗费、住院伙食补助费、营养费、误工费、护理费、交通费、残疾赔偿金（含被扶养人生活费）、精神损害抚慰金、共计510117.78（已扣除给付的12500元），于本判决生效之日起七日内付清；

二、驳回杨某的其他诉讼请求。

王某不服一审判决，提起上诉。

北京市第三中级人民法院经审理同意一审法院裁判意见，依照《中华人民共和国民事诉讼法》第一百七十条第一款第一项规定，判决：

驳回上诉，维持原判。

【法官后语】

法院在审理该案过程中，对于本案的案由曾经有过分歧，第一种观点认为，站在杨某的角度，由于其不能确定自己在返程途中是否能够满足雇员的身份，但冯某开车行为认定为履行职务的把握较大，因此冯某作为雇员致杨某受害的行为属于雇员致害和雇员受害的竞合，在责任竞合时，杨某有选择确定案由的权利，所以，虽然杨某将案由最终确定权利交由法院确认，但应当尊重杨某的本意。第二种观点认为，此处不存在责任竞合的情况，根据法律规定，提供劳务者致害是指雇员在履行职务时致使雇佣关系以外第三人受害的，应当由雇主承担责任。这里明确界定了雇佣关系以外的第三人受害才是雇员致害。本案中可以认定杨某雇员受害的情节，根据法律规定雇员致害的受害主体应为雇佣关系以外的人，因此本案中应排除同样作为雇员的杨某按照提供劳务者致害责任纠纷主张赔偿。法院最终采纳了第二种意见。实际上，双方的分歧就在于对于提供劳务者受害责任纠纷和提供劳务者致害责任纠纷中“他人”的理解。此处的他人，并非简单地与受伤雇员自身相区分，因为提供劳务受害时，伤害可能来自自己的操作不当，也可能来自其他人的伤害，如果这个其他人既可以是雇佣关系以内的雇员，也可以是雇佣关系以外的第三人，那就会让“受害”和“致害”两个法条始终存在竞合的情况，而实际上，前者针对的是雇佣关系内部雇主与雇员即接受劳务者与提供劳务者之间的责任分担，而后者针对的是劳务接受者与雇佣关系之外的他人之间的关系。在归责原则上，前者适用过错责任原则，后者适用无过错责任原因则。而且，因第三人损害雇员雇主赔偿后，法律赋予雇主对第三人的追偿权，如果第三人不排除受伤雇员以外的雇员，就会出现雇员基于履行职务免责和基于侵权事实被雇主追责的矛盾情况。因此，提供劳务者致害责任中的“他人”，不应当理解为仅区别于自身的他人，而是应当理解为雇佣关系以外的他人。

最后需要指出的是，虽然雇员致雇员受害后，他们之间是雇佣的内部关系，但是，只能考虑受伤雇员与雇主之间的责任分配，至于雇主对侵权雇员的追偿问题，不能在本案中一并解决——直接把侵权雇员应当承担的责任部分从雇主责任中划分出来，让侵权雇员与雇主按份承担受害雇员的损失有违法律规定，严重侵犯了受害雇员的合法权益，因为一般情况下雇主的赔偿能力会高于侵权雇员。

编写人：北京市顺义区人民法院 张婷

25

农民自建低层住宅建筑活动中定作人选任过错责任的认定

——赵某诉程某、李某提供劳务者受害责任案

【案件基本信息】

1. 裁判书字号

云南省昭通市威信县人民法院（2020）云0629民初817号民事判决书

2. 案由：提供劳务者受害责任纠纷

3. 当事人

原告：赵某

被告：程某、李某

【基本案情】

程某与赵某系长期从事农村建房施工的匠人。2020 年 2 月，程某承包了李某房屋第三层支模打板的工程，并邀请赵某参与施工，施工所用的工具锤子、扳手由赵某自带，程某按出勤天数支付赵某报酬。2020 年 2 月 19 日，赵某在施工过程中不慎绊倒从三楼板面楼梯间位置摔下受伤。

【案件焦点】

程某、李某是否应当对赵某的损失承担连带赔偿责任。

【法院裁判要旨】

云南省昭通市威信县人民法院经审理认为：李某将其房屋第三层支模打板的工程承包给程某施工，双方之间形成承揽合同关系。根据《最高人民法院关于审理人身损害赔偿案件适用法律若干问题的解释》第十条“承揽人在完成工作过程中对第三人造成损害或者造成自身损害的，定作人不承担赔偿责任。但定作人对定作、指示或者选任有过失的，应当承担相应的赔偿责任”的规定，本案中，涉案工程是农民自建低层住宅，法律、法规就该类工程建设并未对承揽人（施工人）的建筑资质作出明确规定，程某及赵某系长期从事农民自建低层住宅施工的熟练工匠，具有相应的技能和丰富的经验，李某将其房屋第三层支模打板的工程承包给程某施工不存在对承揽人（施工人）的选任过错，认定李某对赵某的损伤不承担赔偿责任，驳回赵某要求李某承担连带赔偿责任的诉讼请求。

综合全案证据，能认定赵某并未长期固定与程某保持用工关系，本案中的用工系临时用工，施工所用的工具由赵某自备，报酬按出勤天数计算支付，赵某与程某之间并无人身依附或隶属关系，故认定赵某与程某之间存在劳务关系。根据《中华人民共和国侵权责任法》第三十五条的规定，赵某因劳务受伤，应根据赵某与程某的过错承担相应责任，结合本案实际，确定由程某与赵某各承担 50%的责任。

云南省昭通市威信县人民法院依照《中华人民共和国侵权责任法》第二

条、第六条第一款、第三十五条，《中华人民共和国民事诉讼法》第六十四条第一款，《最高人民法院关于审理人身损害赔偿案件适用法律若干问题的解释》第十条、第十七条第一款至第二款、第十九条、第二十条、第二十一条、第二十二条、第二十三条、第二十四条、第二十五条、第二十八条，《最高人民法院关于确定民事侵权精神损害赔偿责任若干问题的解释》第十条及《最高人民法院关于适用〈中华人民共和国民事诉讼法〉的解释》第九十条规定，判决：

一、赵某因此次损伤造成损失52897元，扣除李某垫付的医疗费及交通费后剩余49980元，由程某承担50%即24990元，已支付4150元，还应支付赵某20840元，限在本判决生效之日起10日内支付给赵某；

二、驳回赵某的其余诉讼请求。

【法官后语】

在我国农村地区及城乡接合部，长期从事农民自建低层住宅施工的匠人数量很多，农民自建住宅也大部分是承包给这类匠人施工。随着我国经济发展，精准扶贫政策及乡村振兴计划的实施，农民的经济收入大幅增加，建房数量与日俱增，对住宅要求也越来越高，施工人因建房受伤的情况时有发生，该类纠纷呈现增长态势。

农民将自建住宅承包给他人施工建设的，一般都是以包工包料或包工不包料的形式承包建设，承包人以其自身的设备、技术、劳力完成建房任务，根据《中华人民共和国民法典》的规定，其法律关系应当认定为承揽合同关系。

在农民自建低层住宅的建筑活动中，施工人（承揽人）在建房过程中受伤或者造成他人损害的，往往会以定作人选择的承揽人无建筑资质，存在选任过错为由，要求定作人承担赔偿责任。依照《中华人民共和国建筑法》第八十三条第三款“抢险救灾及其他临时性房屋建筑和农民自建低层住宅的建筑活动，不适用本法”的规定，农民自建低层住宅的建筑活动不适用该法有关建筑从业资格的规定，其他法律、法规也未明确规定施工人应当具有相应从业资格。目前，我国法律对定作人选任过错如何认定也没有明确标准。农民自建低层住宅的建筑活动对施工人的劳动技能、专业程度、安全风险防控的要求相对较低，只要定作人选择的施工人（承揽人）是具有相应技能及从业经验的人员，就不应当认为定作人对承揽人的选择存在过错，而要求定作人承担选任过失责任。本案中，程某及赵某系长期从事农民自建低层住宅施工的熟练工匠，具有相应的技能和丰富的经验，所以李某不承担赔偿责任。

编写人：云南省昭通市威信县人民法院　雷联勇

26

能否认定劳务介绍人为赔偿责任主体的判断思路

——秦某诉丁某、程某提供劳务者受害责任案

【案件基本信息】

1. 裁判书字号

北京市密云区人民法院（2020）京0118民初4250号民事判决书

2. 案由：提供劳务者受害责任纠纷

3. 当事人

原告：秦某

被告：丁某、程某

【基本案情】

秦某经丁某介绍为程某家装修。2018年9月20日，秦某按照约定到程某家为墙面贴砖，在使用电镐剔墙脚水泥台的过程中造成右手损伤。事发后，程某将秦某送至医院，伤情经诊断为掌骨骨折（右4/5）。2018年9月20日至2018年9月30日，秦某在医院住院治疗，进行“掌骨骨折（右4/5）切开复位内固定术”。2019年10月8日至2019年10月12日，秦某在密云区医院进行二次手术，取出内固定装置。

秦某申请对伤残等级、赔偿指数、误工期、护理期、营养期进行鉴定。2020年8月28日，司法鉴定中心出具《司法鉴定意见书》。秦某与程某均认可，在第一次治疗过程中，程某为秦某垫付医疗费39056.69元。除此之外的治疗费用，全部由秦某支付。秦某曾投保意外险，保险公司于2020年7月20日理赔医药费2万元，并将理赔款打入秦某银行卡账户。

【案件焦点】

1. 劳务介绍人是否与提供劳务者形成劳务雇佣关系；2. 赔偿责任主体以及赔偿承担比例如何认定。

【法院裁判要旨】

北京市密云区人民法院经审理认为：关于赔偿主体的认定问题。秦某主张与丁某、程某之间均存在劳务雇佣关系。而判断双方之间是否形成劳务雇佣关系，需要参考三个方面的因素：第一，双方是否存在指挥与被指挥、监督与被监督的关系；第二，劳务活动的工作环境、工作条件、工作工具由谁提供；第三，有关工作报酬的商谈、支付方式以及确定方式。本案中，根据当事人庭审陈述，秦某经丁某介绍到程某家从事房屋装修工作，直接受程某指示进行施工，劳务费由程某支付，丁某不从中赚取任何费用，故秦某与程某之间形成劳务雇佣关系，与丁某之间不存在劳务雇佣关系。秦某在涉案工程作业中受伤，程某作为雇主应承担损害赔偿责任，丁某不承担损害赔偿责任。

关于责任承担比例问题。根据《中华人民共和国侵权责任法》第三十五条之规定，个人之间形成劳务关系，提供劳务一方因劳务自己受到损害的，根据双方各自的过错承担相应的责任。秦某作为完全民事行为能力人，常年从事此类工作，在提供劳务过程中对可能出现的危险应有一定的认知并加以注意，因其对自身安全的疏忽导致损害发生，故其应对损害后果承担一定责任。结合查明的事实，法院认定秦某承担30%的责任，程某承担70%的赔偿责任。

北京市密云区人民法院依照《中华人民共和国侵权责任法》第三十五条，《最高人民法院关于审理人身损害赔偿案件适用法律若干问题的解释》第十七条、第十九条、第二十条、第二十一条、第二十二条、第二十三条、第二十四条，《最高人民法院关于适用〈中华人民共和国民事诉讼法〉的解释》第九十条规定，判决：

一、除程某已为秦某垫付的39056.69元外，程某于本判决生效之日起十日内再赔偿秦某医疗费、误工费、护理费、营养费、住院伙食补助费、交通费共计12569.68元；

二、驳回秦某其他诉讼请求。

【法官后语】

劳务关系是指平等主体之间形成的一方提供劳务，另一方支付报酬的权利义务关系。实践中，由于劳务关系多具有临时用工性质，双方未订立书面合同、未明确约定权利义务的情况较为普遍，准确把握认定与提供劳务者建立劳务关系的主体存在较大难度。本案的争议焦点就在于赔偿责任主体如何认定。对于双方未签订书面劳务合同的，要看是否有其他证据可以证实劳务关系的相对方，并着眼劳务法律关系自身所具有的区别于其他法律关系的特征进行判断。比如，在劳务活动中提供劳务者是否受到接受劳务方的监督和管理。这种监督只要达到存在监督的可能即可，不一定必须存在监督的事实，指定工作场所、限定工作时间、提供劳动工具均被认为存在监督的可能。再如，在报酬的支付方面，从一般经验逻辑上看，直接支付给提供劳务者劳务报酬的一方具备雇主的特征，但也要具体分析该支付报酬的一方仅是转递支付还是能够从中赚取一部分费用。如果从中获取一定的利益，则雇佣关系存在的盖然性大大提高。此外，从报酬的支付方式看，因劳务的内容多为临时性、一次性工作，报酬的给付也多为一次性给付。当然，在具体认定是否存在劳务关系时，要充分运用逻辑推理和日常经验进行综合审查分析。

本案中，秦某经丁某介绍到程某家从事房屋装修工作，直接受程某指示进行施工，劳务费也由程某支付，且丁某并未对秦某作出具体的工作安排及指示，也不对其劳务活动进行管理、监督，更没有因秦某的劳务活动获取利益，只是起到了中间人的介绍作用，故可认定其与秦某之间不构成劳务雇佣关系，其自然不是赔偿责任主体。而程某与秦某之间则基本具备了劳务雇佣法律关系的特征，故可认定程某为赔偿责任主体。

责任承担比例涉及侵权责任归责原则的适用问题。《中华人民共和国民法典》第一千一百九十二条规定，个人之间形成劳务关系，提供劳务一方因劳务受到损害的，根据双方各自的过错承担相应的责任。个人劳务关系中，劳务内容一般不具有专业生产经营的营利性质，更多依赖于提供劳务一方的经验性知识或专业化能力，作为完全民事行为能力人的提供劳务一方，在提供劳务过程中对可能出现的危险应有一定的认知并加以注意，因其对自身安全的疏忽导致损害发生的，可认定其具有一定的过错，应当自担一部分责任。在双方均有过错的情形下，法院往往会依据具体案情及双方过错程度酌定承担责任的比例，以平衡个人用工关系中的风险负担。

编写人：北京市密云区人民法院　鲁跃晗

27

找人干活却造成他人损失，介绍人不担责

——崔甲等诉保某等提供劳务者受害责任案

【案件基本信息】

1. 裁判书字号

云南省曲靖市中级人民法院（2020）云03民终873号民事判决书

2. 案由：提供劳务者受害责任纠纷

3. 当事人

原告（上诉人）：崔甲、崔乙、林甲、林乙、简某

被告（上诉人）：徐某

被告（被上诉人）：保某、李某、周某

【基本案情】

崔甲系死者林丙妻子，崔乙系林丙长女，林甲系林丙长子，林乙系林丙父亲，简某系林丙母亲。

2019 年 6 月 21 日 21 时，保某驾驶货车从 A 地拉煤到 B 地，途中发现车轮胎钢圈有问题，不能继续行驶后，保某打电话让徐某来修理轮胎，徐某联系李某到现场修理，李某在拆除轮胎螺丝过程中，有一颗轮胎螺丝无法拆除，李某即通知徐某，徐某遂带工具“风炮”到达现场拆除螺丝，但未能将螺丝拆除。后徐某打电话给周某，要求其联系氧焊工到现场切割拆除螺丝。周某打电话给林丙带氧焊过来切割拆除螺丝。后林丙及其妻子崔甲到达现场，林丙分别使用氧焊、小锤等工具切割拆除螺丝，在操作过程中，轮胎爆炸致保某受伤，林丙当场死亡。本案中，李某自己经营修理店，主要从事出售轮胎、安装轮胎等业务。徐某自己经营店铺，主要从事修补大车轮胎等业务。周某自己经营店铺，主要从事换灯泡、接大车电线等业务。林丙与崔甲共同经营店铺，主要从事汽车修理及销售配件等业务。上述 3 人与林丙之间以及所经营的店铺之间均没有隶属关系。

【案件焦点】

1. 如何区分承揽关系、雇佣关系、义务帮工关系；2. 承揽合同致损情形中，定作人对定作、指示选任过失的认定。

【法院裁判要旨】

云南省曲靖市麒麟区人民法院经审理认为：在本案中，保某与徐某以完成修理轮胎工作为标准，且支付报酬，形成承揽合同关系；徐某与林丙之间虽未预先约定报酬支付，但根据行业交易习惯，形成承揽合同关系。李某与林丙不存在法律关系。周某虽在电话中联系过林丙，但其仅系介绍人身份，不应承担民事责任。

崔甲等在庭审中以义务帮工人身损害责任主张保某等赔偿。在本案中林丙经营名为“汽修汽配经营部”的店铺，接到周某的电话后，在未吃晚饭的情况下，携带氧焊等工具赶到修理现场进行无偿义务帮工，不符合逻辑及常理，故对该主张不予支持。

根据《最高人民法院关于审理人身损害赔偿案件适用法律若干问题的解释》第十条规定，保某作为完全民事行为能力人，未查验徐某是否具备安全作业条件，即将轮胎修理作业承揽给徐某，存在选任过错。徐某应知晓氧焊切割等工作具有一定危险性，其未查验林丙是否具备安全作业的能力及条件，即将轮胎螺丝的氧焊切割作业承揽给林丙，存在选任过错。林丙在进行氧焊切割作业过程中对于自身安全处于放任状态，亦未采取安全防护措施，未佩戴安全护具即进行危险操作，对于其死亡结果的发生具有主要责任。

云南省曲靖市麒麟区人民法院根据《中华人民共和国合同法》第二百五十一条，《最高人民法院关于审理人身损害赔偿案件适用法律若干问题的解释》第十条、第十八条、第二十七条、第二十八条、第二十九条规定，判决：

一、由保某于本判决生效后十五日内赔偿崔甲、崔乙、林甲、林乙、简某各项损失合计41959.19元；

二、由徐某于本判决生效后十五日内赔偿崔甲、崔乙、林甲、林乙、简某各项损失合计147836.75元。

崔甲、崔乙、林甲、林乙、简某、徐某不服一审判决，提起上诉。

云南省曲靖市中级人民法院经审理同意一审法院裁判意见，依照《中华人民共和国民事诉讼法》第一百七十条第一款第一项规定，判决：

驳回上诉，维持原判。

【法官后语】

承揽关系的核心是交付劳动成果，承揽合同与雇佣合同最显著的区别就是合同标的不同，前者的合同标的为劳动成果，后者的合同标的为劳务。雇佣是以劳务本身为其契约的直接目的，承揽是以劳务为其手段完成一定的工作。当事人就承揽与雇佣发生争议，双方之间存在控制、支配、和从属关系，由一方指定工作场所、提供劳动工具或设备，限定工作时间、定期给付劳动报酬，所提供的劳务是接受劳务一方生产经营活动的组成部分，认定为雇佣。反之，则可认定为承揽。义务帮工关系是指无偿、自愿为他人处理事务从而与他人形成的法律关系，帮工人提供无偿劳务的行为体现了社会生活中人与人之间相互帮助、相互关心的道德风尚。其区别于承揽关系与雇佣关系的显著区别点在于其是无偿性的，义务帮工人对于帮工行为不收取任何费用。

从法律后果上看，根据《中华人民共和国民法典》第一千九百九十二条、第一千一百九十三条之规定，认定为承揽关系，承揽人仅承担定作人指示过失责任，定作人指示过失责任，是指承揽人因从事承揽工作而加害于他人时，应由承揽人承担侵权责任，定作人原则上不负责任。但如果定作人存在选任、定作或指示上的过失的，应就承揽人加于他人之损害承担赔偿责任。而认定为雇佣关系，则适用用人者责任，只要雇员是因提供劳务给他人造成损害的，不管雇主有没有过错，均应承担责任。在义务帮工受损责任承担的问题上，对义务帮工人的损害赔偿予以支持，是对义务帮工人助人为乐行为的充分肯定。

对于承揽合同致损情形中，定作人对定作、指示选任过失的认定问题，应当综合考量定作时间、地点、周围环境、承揽人是否具备安全作业的能力及条件，定作人本身是否有条件和理由可以提醒、警示。而承揽人本身也应遵守相应的行业操作准则、流程，科学、合理预判承揽风险并积极采取措施规避风险，保障自身安全。就如同在雇佣关系中，作为接受劳务一方负有为提供劳务一方提供安全工作环境、安全设施、安全教育及监督管理的义务，提供劳务一方自身也应采取防护措施，尽到谨慎注意义务。

编写人：云南省曲靖市麒麟区人民法院　吴楠

28

不能苛求见义勇为人承担过高的注意义务

——杜某诉赵某、建筑公司提供劳务者受害责任案

【案件基本信息】

1. 裁判书字号

江苏省南通市中级人民法院（2020）苏 06 民终 640 号民事判决书

2. 案由：提供劳务者受害责任纠纷

3. 当事人

原告（上诉人）：杜某

被告（被上诉人）：赵某、建筑公司

【基本案情】

2018 年 3 月 8 日，建筑公司（发包方）与赵某（承包方）签订《幕墙工程劳务分包合同》，约定承包范围：埋件安装、玻璃幕墙（含龙骨加工）、背衬板玻璃安装等工作。2018 年，杜某受赵某雇请从事案涉工程外装修。2018 年 8 月 1 日下午，杜某在三层脚手架的第二层操作平台施工，其同事季某在第一层操作平台施工，因季某所在第一层脚手架铁丝网松动，季某从第一层脚手架摔到第二层脚手架上的操作平台，并且上半身已摔出第二层平台外，杜某见状急忙趴在第二层脚手架操作平台上按住季某的脚，防止季某继续朝地面摔下，在此过程中，杜某脚部受伤。次日，杜某在赵某的陪同下至当地诊所治疗。后因伤情加重，又至医院住院治疗，诊断为“左下肢深静脉血栓形成（急性期）”，行下腔静脉滤器置入术+吸栓术，于同年 8 月 29 日出院。后又至医院住院治疗，行下腔静脉滤器取出术，于 2018 年 9 月 20 日出院。

审理中，法院依杜某的申请委托司法鉴定所就杜某的伤情进行鉴定，该所于2019年7月18日出具司法鉴定意见书，意见为：1. 杜某左下肢深静脉血栓形成诊断成立，2018年8月1日外伤为左下肢静脉血栓形成的次要因素。2. 杜某左下肢功能障碍评定为十级伤残，误工期限以180日为宜，护理期限以90日为宜（其中2人护理15日，1人护理75日），营养期限以90日为宜。建议上述伤残等级、误工期限、护理期限及人数、营养期限以40%左右列入赔偿范围为宜。审理过程中，杜某曾就本起事故向人力资源和社会保障局申请工伤认定，该局以不符合《工伤保险条例》第十七条规定为由，决定不予受理，并向杜某送达了工伤认定申请不予受理决定书。

【案件焦点】

因见义勇为致使自己受到人身损害的，如见义勇为人对自身的安全防护存在缺失时，是否需要自行承担一部分损失。

【法院裁判要旨】

江苏省南通市通州区人民法院经审理认为：《中华人民共和国侵权责任法》第三十五条规定，个人之间形成劳务关系，提供劳务一方因劳务造成他人损害的，由接受劳务一方承担侵权责任。提供劳务一方因劳务自己受到损害的，根据双方各自的过错承担相应的责任。《最高人民法院关于审理人身损害赔偿案件适用法律若干问题的解释》第十一条第二款规定，雇员在从事雇佣活动中因安全生产事故遭受人身损害，发包人、分包人知道或者应当知道接受发包或者分包业务的雇主没有相应资质或者安全生产条件的，应当与雇主承担连带赔偿责任。赵某系杜某的雇主，应由其承担赔偿责任，杜某因在施工作业过程中为救助工友受伤，该救助行为值得表彰，但其在施工过程中未采取必要的防护措施，自身存在一定的过错，故酌情由赵某承担90%赔偿责任，杜某自行承担10%的责任。建筑公司在明知赵某不具有相应资质及安全生产条件下，将外装立面幕墙工程分包给赵某施工，故由建筑公司与赵某承担连带赔偿责任。杜某除鉴定费外的事故损失为134555.91元，赵某承担90%民事赔偿责任，故由赵某赔偿杜某 121100.32 元，建筑公司承担连带赔偿责任，其余损失由杜某自行负担。

江苏省南通市通州区人民法院依照《中华人民共和国侵权责任法》第十六条、第三十五条，《最高人民法院关于审理人身损害赔偿案件适用法律若干问题的解释》第十一条、第十七条规定，判决：

一、赵某于判决书发生法律效力后赔偿杜某因事故造成的损失 121100.32 元；

二、建筑公司对上述第一项义务承担连带赔偿责任；

三、驳回杜某的其他诉讼请求。

杜某不服一审判决，提起上诉。

江苏省南通市中级人民法院经审理认为：杜某救助季某的行为是见义勇为行为。见义勇为行为一般在紧急情况下作出，救助的时机稍纵即逝，行为人在危急时刻无暇对自身安危作过多考虑或者安排，因此不能苛求行为人承担过高的注意义务。本案中，季某的上半身已摔出脚手架第二层平台外，随时可能掉落平台，在他人生命安全存在不虞之测时，杜某没有时间考虑并采取必要的防护措施，且其受伤部位为腿部，施工中亦没有对腿部进行防护的特殊要求。故一审认定杜某在施工工程中未采取必要的防护措施，自身存在一定的过错，酌定其自行承担 10%的责任，不合理加重了见义勇为人对自身安全的注意义务。本案中杜某的行为不存在过错，不应当减轻赵某、建筑公司的赔偿责任。

江苏省南通市中级人民法院依照《中华人民共和国民事诉讼法》第一百七十条第一款第二项规定，判决：

一、撤销江苏省南通市通州区人民法院民事判决；

二、赵某于本判决书发生法律效力后赔偿杜某因事故造成的损失 228035.91 元；

三、建筑公司对上述第二项义务承担连带赔偿责任；

四、驳回杜某的其他诉讼请求。

【法官后语】

本案争议的主要问题在于见义勇为人杜某在救助工友时，自身在施工过程中未采取必要的防护措施，是否应当自行承担部分损失。本案一、二审判决出现观点分歧，一审判决认为，杜某因在施工作业过程中为救助工友受伤，该救助行为值得表彰，但其在施工过程中未采取必要的防护措施，自身存在一定的过错，需自行承担10%的责任。二审判决则认为，不能苛求见义勇为人承担过高的注意义务。在工友生命安全存在高度危险时，杜某没有时间考虑并采取必要的防护措施，所以一审酌定由杜某自行承担10%的责任，不合理加重了见义勇为人对自身安全的注意义务。

见义勇为是指在法定职责、法定义务之外，为保护国家利益、社会公共利益或者他人人身、财产安全，制止正在发生的违法犯罪或者抢险、救灾、救人的合法行为。在本案中，杜某对工友的救助行为是见义勇为行为，表现出一种不怕牺牲的献身精神，对自己的安危则置之度外，来不及有过多的心理准备和采取必要的防护措施，在这种情况下，如果要求行为人承担过错责任，显然与当时的紧急情况不相符，也违背情理和法理。而且，本案中杜某所遭受的损害，并非因其正常施工过程中未采取必要的防护措施所引起，且其受伤部位为腿部，施工中亦没有对腿部进行防护的特殊要求，即其因见义勇为遭受损害与未采取必要防护措施并无法律上的因果关系，如果以此作为其自行承担损失的理由，显然不利于倡导培育见义勇为、乐于助人的良好社会风尚。

2021年1月1日施行的《中华人民共和国民法典》对见义勇为也作出了明确规定。第一百八十三条规定，因保护他人民事权益使自己受到损害的，由侵权人承担民事责任，受益人可以给予适当补偿。没有侵权人、侵权人逃逸或者无力承担民事责任，受害人请求补偿的，受益人应当给予适当补偿。本案虽然在《中华人民共和国民法典》生效前作出判决，但已经体现了其中的精神。简言之，杜某对工友的救助行为，避免了工友身体受伤害，对于雇主赵某和建筑公司而言，有效避免了承担更大的损害赔偿责任，其作为受益人也应当承担相应责任。

编写人：江苏省南通市中级人民法院　陆炜炜　张慧娴

29

出租方应当与不具备安全生产条件的承租方对安全生产事故造成的损失承担连带赔偿责任

——桂某诉鲁某等健康权案

【案件基本信息】

1. 裁判书字号

江苏省无锡市中级人民法院（2020）苏02民终2085号民事判决书

2. 案由：健康权纠纷

3. 当事人

原告（被上诉人）：桂某

被告（上诉人）：机械公司

被告（被上诉人）：鲁某、车辆配件公司

【基本案情】

2017年6月12日，鲁某与机械公司签订《租房协议》，约定鲁某租用机械公司的厂房车间，租赁期2年，年租金为8.5万元。

鲁某租用上述厂房用于电动车铝制前减震器的抛光加工，其主要生产工艺涉及打磨抛光和喷漆等。2018年5月16日，因吸风机管道上的法兰脱开导致管道漏风吸力不足，鲁某联系冯某让其进行检修。冯某安排的维修工徐某和马某当日13时到达检修现场。关闭设备电源后，徐某和马某开始对管道进行检修。检修过程中，该抛光车间内共有段某、桂某、陈某、李某4名抛光工和2名维修工共计6人，鲁某个人作坊的司机熊某在抛光车间西侧门外。13时40分，维修工将吸风机管道维修完毕后，李某到抛光车间西侧门口处合上除尘装置的电源开关时，抛光车间除尘巷道中部突然发生爆炸并伴有火光，火势迅速蔓延，在抛光车间内的 6 人和在抛光车间西侧门口处的熊某共 7 人均被不同程度烧伤。事故发生后，上述 7 人入住医院治疗。

2018 年 9 月 4 日，调查组出具《某个人作坊一般爆炸事故联合调查报告》，报告载明事故原因和性质："（一）直接原因 1. 抛光车间设备电气线缆敷设混乱，存在绝缘破损而导致短路的情况。2. 除尘装置的巷道和管道内积聚有大量的铝粉尘，除尘装置的电气线缆通电后发生短路导致起火，引发了除尘装置中的粉尘爆炸……（二）间接原因 1. 鲁某非法组织生产经营，是事故发生的主要原因。2. 机械公司将厂房出租给不具备相应资质和安全生产条件的鲁某个人，是事故发生的重要原因。（1）机械公司出租的厂房未经正规设计，未经消防验收，厂房不符合乙类火灾危险作业场所条件。（2）机械公司未依法与承租方签订安全生产管理协议，未明确各自安全生产责任。（3）机械公司未依法向承租方书面告知出租场所的安全生产要求。（4）机械公司未依法对承租方的安全生产工作统一协调、管理和定期进行安全检查，未及时发现安全隐患。3. 冯某不具备相关资质和安全生产条件承接除尘装置安装、改造、检修等业务，维修工违规进行除尘装置的检修作业，也是事故发生的重要原因。（三）事故性质。经调查认定：某个人作坊一般爆炸事故是一起安全生产责任事故。"

事故发生后，7 名受害人在医院产生了医疗费。村委会、鲁某、机械公司、冯某均向医院转账汇款用于垫付受伤人员的医疗费用，但在转账时未指定该款项是为哪个受害人进行垫付。医院收到垫付款后，根据受害人所需的医疗费用从总的垫付款中进行扣款，扣款时没有区分款项的具体来源，即付款人所垫付的款项无法与受害人之间一一对应。

【案件焦点】

出租方机械公司是否应当与承租方鲁某承担连带赔偿责任。

【法院裁判要旨】

江苏省江阴市人民法院经审理认为：1. 关于鲁某是否应当承担赔偿责任的

问题。雇员在从事雇佣活动中遭受人身损害，雇主应当承担赔偿责任。雇佣关系以外的第三人造成雇员人身损害的，赔偿权利人可以请求第三人承担赔偿责任，也可以请求雇主承担赔偿责任。本案中，桂某是鲁某的雇员，桂某工作期间，抛光车间除尘管道漏风吸力不足，鲁某便委托冯某派人进行管道维修，维修完毕后，合上除尘装置的电源开关时，抛光车间除尘巷道中部突然发生爆炸导致桂某受伤，故桂某是在从事雇佣活动中遭受的人身损害，鲁某作为雇主，应当对桂某的损失承担全部赔偿责任。因本案中桂某选择由雇主鲁某承担赔偿责任，而非雇佣关系以外的第三人承担赔偿责任，故鲁某和机械公司关于冯某在本案中应当承担赔偿责任的意见，法院不予采纳。

2. 关于出租方机械公司是否应当与承租方鲁某承担连带赔偿责任的问题。调查组出具的《某个人作坊一般爆炸事故联合调查报告》中认定：某个人作坊一般爆炸事故是一起安全生产责任事故。机械公司主张本次事故是在设备维修过程中而非生产过程中发生的事故，不是安全生产事故。对此，法院认为，生产安全事故是指生产经营单位在生产经营活动中发生的造成人身伤亡或者直接经济损失的事故。因此，安全生产事故并非仅指在“生产”这一环节中发生的事故，也包括在与生产密切相关的其他环节中发生的事故，贯穿生产经营的全过程。本案的抛光车间除尘管道在生产过程中损坏，管道维修是继续生产的必要环节，因此，设备维修与生产密切相关。本案的抛光车间除尘管道在维修后合上开关的瞬间发生爆炸导致人身和财产受损，属于安全生产事故。《中华人民共和国安全生产法》第一百条第一款规定：“生产经营单位将生产经营项目、场所、设备发包或者出租给不具备安全生产条件或者相应资质的单位或者个人的，责令限期改正，没收违法所得；违法所得十万元以上的，并处违法所得二倍以上五倍以下的罚款；没有违法所得或者违法所得不足十万元的，单处或者并处十万元以上二十万元以下的罚款；对其直接负责的主管人员和其他直接责任人员处一万元以上二万元以下的罚款；导致发生生产安全事故给他人造成损害的，与承包方、承租方承担连带赔偿责任。”本案中，机械公司将自己的生产经营场所（厂房车间）出租给不具备安全生产条件和相应资质的鲁某，且出租的厂房未经正规设计，未经消防验收，厂房不符合乙类火灾危险作业场所条件，未依法与鲁某签订安全生产管理协议，未明确各自安全生产责任，未依法向鲁某书面告知出租场所的安全生产要求，未依法对鲁某的安全生产工作统一协调、管理和定期进行安全检查，未及时发现安全隐患，最终导致发生生产安全事故给他人造成损害的，应当与承租方鲁某承担连带赔偿责任。

3. 关于车辆配件公司是否应当与鲁某承担连带赔偿责任的问题。车辆配件公司否认其与鲁某之间存在直接加工、买卖、承发包等关系。桂某也未提供证据证明鲁某与车辆配件公司之间存在直接业务往来或承发包关系。故桂某要求车辆配件公司与鲁某承担连带赔偿责任，法院不予支持。

截至 2019 年 1 月 11 日，桂某的医疗费用合计为 2623996. 13 元，应当由鲁某进行赔偿。根据案件实际情况，认定鲁某为桂某支付了 244751. 26 元，机械公司为桂某垫付了 890117. 96 元。综上，鲁某还应赔偿 1489126. 91 元。现桂某主张鲁某赔偿自己已经支付的 794089. 55 元，不违反法律规定，法院予以支持。机械公司在 794089. 55 元范围内与鲁某承担连带赔偿责任。剩余款项 695037. 36 元因桂某在本案中并未主张，故本案不予理涉，桂某可以另行处理。

江苏省江阴市人民法院依照《中华人民共和国安全生产法》第一百条第一款，《最高人民法院关于审理人身损害赔偿案件适用法律若干问题的解释》第十一条第一款、第二款，《中华人民共和国民事诉讼法》第六十四条第一款规定，判决：

一、鲁某应于本判决发生法律效力之日起十日内赔偿桂某截至 2019 年 1 月 11 日的医疗费 794089. 55 元；

二、机械公司对鲁某的上述第一项债务承担连带赔偿责任；

三、驳回桂某的其他诉讼请求。

机械公司不服一审判决，提起上诉。

江苏省无锡市中级人民法院经审理同意一审法院裁判意见，依照《中华人民共和国民事诉讼法》第一百七十条第一款第一项规定，判决：

驳回上诉，维持原判。

【法官后语】

在房屋租赁合同中，一般情况下，出租方的义务是将房屋交付给承租方使用，承租方的义务是向出租方缴纳租金。出租方将房屋出租后，承租人在使用过程中造成他人损害的，出租方不需要承担损害赔偿责任，但是在特殊情况下，承租人对他人造成损害时，不能免除出租方的赔偿义务。

《中华人民共和国安全生产法》第一百条第一款规定："生产经营单位将生产经营项目、场所、设备发包或者出租给不具备安全生产条件或者相应资质的单位或者个人的……导致发生生产安全事故给他人造成损害的，与承包方、承租方承担连带赔偿责任。"根据该条规定可知，出租方需要对承租方造成他人损害的后果承担连带赔偿责任应当满足以下条件：首先，出租方本身是生产经营单位；其次，承租方（单位或者个人）不具备安全生产条件或相应资质；再次，承租人在生产经营过程中发生了生产安全事故；最后，事故造成他人损害的后果。因此，在判断出租人是否需要承担连带责任时，应当同时具备上述构成要件，否则不能要求出租方承担连带赔偿责任，避免加重出租方的风险和责任，不利于房地产租赁市场的健康发展。

首先，作为生产经营单位的出租方，其自身应当具备安全生产的基本知识，建立安全生产各项规章制度，对于出租的厂房应当经过正规设计，并具备消防验收。对于承租方租赁厂房用于生产经营用途的，应当负有安全保障义务，出租方需要对承租方是否符合安全生产条件或相应资质进行相应的审查，并与承租方签订安全生产管理协议，明确各自的安全生产责任，同时应当书面告知承租方出租场所的安全生产要求，以此提高承租方的安全生产意识，倒逼承租方建立安全生产各项配套设施和规章制度。其次，在承租方使用厂房过程中，出租方也负有对承租方安全生产工作的统一协调、管理和定期安全检查，发现安全隐患并及时要求整改的义务。因此，生产经营单位作为出租方将厂房租赁给其他单位或个人用于生产经营的，应当比普通的承租方负有更高的安全保障义务，以避免发生生产安全事故。

本案中，机械公司作为厂房的出租方，并未履行上述义务，而承租人鲁某为个人，并不具备安全生产条件和相应资质，最终在生产经营过程中发生了安全生产事故，造成鲁某的员工等人受伤，完全符合《中华人民共和国安全生产法》第一百条的规定，因此，法院最终判决出租方机械公司与承租方鲁某对桂某等受害人的损害后果承担连带赔偿责任。

编写人：江苏省江阴市人民法院　廖宏娟　吉祥

30

第三人承担赔偿责任后雇员不得再向雇主求偿

——于某诉史某、物流公司提供劳务者受害责任案

【案件基本信息】

1. 裁判书字号

山东省淄博市中级人民法院（2020）鲁03民再37号民事裁定书

2. 案由：提供劳务者受害责任纠纷

3. 当事人

原告（被上诉人、再审被申请人）：于某

被告（上诉人、再审申请人）：史某

被告（上诉人、再审被申请人）：物流公司

【基本案情】

2017年2月21日5时10分，于某驾驶重型厢式货车与赵某驾驶的挂重型半挂牵引车尾随相撞，造成交通事故。该事故责任经交警部门认定，于某过度疲劳驾驶车辆是造成事故的主要原因，承担事故的主要责任，赵某车后反光标识不合格也是造成事故的原因，承担事故的次要责任。事故车辆在保险公司投保了交强险和商业三者险。于某因事故花费医疗费80110.33元，其他费用包括

住院伙食补助费930元、残疾赔偿金81628.80元、误工费37532.04元、护理费13632.72元、营养费2400元、二次手术费8000元、残疾辅助器具费120元等各项费用，已由山东省青州市人民法院在交通事故案件审理过程中予以确定，于某另支出鉴定费2200元、鉴定检查费1111元，并主张交通费2000元，于某请求各项赔偿共计231665.89元。

另查明，于某与史某于2017年2月15日经网上招聘联系后，确定由于某给史某担任货车司机，从事货物运输，约定月工资7000元，双方形成雇佣关系。史某与物流公司之间系车辆挂靠关系，史某系重型厢式货车实际所有人，将该车挂靠于物流公司从事货物运营，该车的登记车主是物流公司。

再查明，于某因与赵某、潍坊某公司、保险公司机动车交通事故责任纠纷向山东省青州市人民法院提起民事诉讼，请求判令赵某、潍坊某公司、保险公司赔偿于某医疗费、误工费、护理费等损失共计153499.77元；保险公司在交强险及商业险范围内赔偿。该案件诉讼过程中，于某申请撤回对赵某、潍坊某公司的起诉。于某伤情及请求支付的相关费用已经法院委托鉴定。于某与保险公司经山东省青州市人民法院主持达成调解协议。

【案件焦点】

第三人向雇员承担赔偿责任后，雇员能否再向雇主请求赔偿。

【法院裁判要旨】

山东省淄博市临淄区人民法院经审理认为：于某与史某系雇佣关系，雇员在从事雇佣活动中遭受人身损害，雇主应承担赔偿责任。本案中对损害结果的发生于某自身存在重大过失，应适当减轻雇主史某的责任，结合本案事实酌情确定减轻雇主的责任比例为20%，史某应当承担80%的雇主赔偿责任。物流公司作为车辆挂靠单位，应承担连带赔偿责任。关于于某主张的各项赔偿，医疗费系因治疗实际花费的费用，住院伙食费的主张属合理范围，该两项请求应予确认；其主张的残疾赔偿金、误工费、护理费、营养费、二次手术费、残疾辅助器具费等损失，已经司法鉴定得到确认，该司法鉴定意见书能够确定于某因交通事故受到的各项损失，予以采信；于某主张的鉴定费 2200 元、鉴定检查费 1111 元亦属于合理必要支出，应予确认；其主张的交通费 2000 元过高，酌情确定为 1000 元。综上，史某应当承担的赔偿数额为 182931. 91 元，于某已通过山东省青州市人民法院的民事案件确认获得的赔偿数额为 132500 元，该部分款项应从史某应赔偿部分当中扣减，除去史某已垫付的医疗费，史某最终赔偿的数额为 48431. 91 元。于某其他过高诉讼请求，不予支持。

据此，山东省淄博市临淄区人民法院依照《中华人民共和国民法通则》第一百零六条、第一百一十九条、第一百三十一条、第一百三十四条第一款第七项，《中华人民共和国侵权责任法》第十五条、第十六条、第三十五条，《最高人民法院关于审理人身损害赔偿案件适用法律若干问题的解释》第二条、第十一条、第十七条第一款至第二款、第十九条、第二十条、第二十一条、第二十二条、第二十三条、第二十四条、第二十五条、第二十六条，《最高人民法院关于审理道路交通事故损害赔偿案件适用法律若干问题的解释》第三条规定，判决：

一、史某于本判决生效后十日内向于某支付医疗费、住院伙食补助费、残疾赔偿金、误工费、护理费、营养费、二次手术费、残疾辅助器具费、鉴定费、鉴定检查费、交通费等各项赔偿共计 48431. 91 元；

二、物流公司对上述判决承担连带赔偿责任；

三、驳回于某其他诉讼请求。

史某、物流公司不服一审判决，提起上诉。

山东省淄博市中级人民法院经审理认为：物流公司与史某系挂靠运营关系，其与于某不存在直接的法律关系，故于某要求物流公司承担本案责任无法律依据。本案系雇主、雇员之间的责任承担，不属于机动车交通事故造成的第三人人身损害，因此一审法院适用《最高人民法院关于审理道路交通事故损害赔偿案件适用法律若干问题的解释》第三条确定物流公司承担连带责任错误，法院予以纠正。史某经法院传票传唤未到庭参加诉讼，依照《中华人民共和国民事诉讼法》第一百四十条、第一百七十四条的规定，其上述请求法院不再审查，按照撤回上诉处理。

综上所述，物流公司的上诉请求成立，予以支持。山东省淄博市中级人民法院依照《最高人民法院关于审理人身损害赔偿案件适用法律若干问题的解释》第十一条，《中华人民共和国民事诉讼法》第一百七十条第一款第二项规定，判决：

一、维持山东省淄博市临淄区人民法院民事判决第一项、第三项；

二、撤销山东省淄博市临淄区人民法院民事判决第二项。

史某不服二审判决，申请再审。

山东省淄博市中级人民法院再审认为：《最高人民法院关于审理人身损害赔偿案件适用法律若干问题的解释》第十一条第一款规定，雇员在从事雇佣活动中遭受人身损害，雇主应当承担赔偿责任。雇佣关系以外的第三人造成雇员人身损害的，赔偿权利人可以请求第三人承担赔偿责任，也可以请求雇主承担赔偿责任。雇主承担赔偿责任后，可以向第三人追偿。于某在本案一审前已在山东省青州市人民法院起诉第三人，与对方达成调解协议，并与对方已无其他争执。本案是于某起诉雇主史某及物流公司。如果本案责令史某承担赔偿责任，则史某无法向第三人追偿。于某已选择了向第三人请求赔偿，不能再向雇主请求赔偿，其已失去诉权。史某主张原审判决错误的再审理由成立，法院予以支持。原审判决适用法律有误，应当撤销一、二审判决，驳回于某的起诉。

据此，山东省淄博市中级人民法院依照《最高人民法院关于适用〈中华人民共和国民事诉讼法〉的解释》第四百零八条规定，裁定：

一、撤销山东省淄博市中级人民法院法院民事判决及山东省淄博市临淄区人民法院民事判决；

二、驳回于某的起诉。

【法官后语】

第三人致雇员伤害案件中，赔偿权利人与第三人达成调解协议并依约履行后，雇主是否应对赔偿权利人在调解协议中放弃的权利承担赔偿责任。

一、替代责任与当事人意思自治的关系

替代责任是法律规定雇主承担因雇员可追诉行为或第三人侵权行为而产生的责任用以保障受害人得到赔偿的责任形式。替代责任适用无过错原则，在解决纠纷中不考虑雇主是否存在过错以及过错的大小，其责任取决于因雇员可追诉行为或第三人侵权行为产生的责任。同时，司法权尊重当事人在程序上和实体上的双重自愿，即当事人意思自治。当赔偿权利人与致害雇员或侵权第三人就因雇员或第三人致害行为产生的赔偿责任达成调解协议时，雇主的替代责任也随之确定，即替代责任虽不是赔偿权利人与致害雇员或侵权第三人意思自治的直接标的，但因替代责任的立法用意及其无过错归责原则，当事人处分双方权利、义务的同时也明确了雇主应承担的赔偿责任。

二、雇主的不真正连带责任的具体应用

雇主的不真正连带责任是指雇主和实际侵权人分别基于雇佣关系和侵权事实，对受害雇员负有以同一给付为标的的两个债务，雇主和侵权人均负有对雇员的赔偿责任，并且因雇主和侵权人任何一方的履行，而使两个赔偿责任均归于消灭。不真正连带债务是赔偿权利人请求权竞合的产物。按照请求权竞合的理论，当两个或两个以上请求权相同，又无其他约定时，赔偿权利人应当择一行使。即在数个请求权中选择一个请求权行使，选择并行使一个请求权后其他请求权自行消灭，其目的在于防止赔偿权利人获得重复履行的不当得利。因此雇主不真正连带责任的赔偿权利人只能选择数个债务人中的一个债务人请求给付，选择并行使一个请求权，经法院裁决后不得改变，除非客观上由于法律原因或事实原因不可能实现。

具体到本案，赔偿权利人即原审于某在与侵权第三人达成调解协议并已履行的前提下，再要求雇主承担赔偿责任不应得到支持。

编写人：山东省淄博市中级人民法院　胡文伟

31

发包人对受害人承担连带赔偿责任后向承包人（雇主）追偿的正确认定

——庞某诉王某追偿权案

【案件基本信息】

1. 裁判书字号

山东省淄博市中级人民法院（2020）鲁03民终4370号民事判决书

2. 案由：追偿权纠纷

3. 当事人

原告（反诉被告、上诉人）：庞某

被告（反诉原告、上诉人）：王某

【基本案情】

2017年7月16日，庞某与王某签订钢结构房屋工程合同，由王某承揽合同工程，王某雇用唐某某进行施工。2017年7月22日，唐某某在施工过程中因遭电击坠落到地面导致受伤。山东省淄博市博山区人民法院（2018）鲁0304民初128号民事判决认定王某承担95%的赔偿责任，庞某将工程发包给无资质的王某，承担连带赔偿责任，判决王某、庞某二人赔偿唐某某医疗费、住院伙食补助费、残疾赔偿等共计142427.36元，案件受理费由二人负担1566元。该案经山东省淄博市中级人民法院二审审理，判决驳回上诉，维持原判。

上述判决生效后，因王某、庞某未在法定期限内履行义务，唐某某向法院申请强制执行。2019年1月22日，庞某支付唐某某30000元，唐某某为其出具收条一份。另，王某在唐某某住院期间垫付医疗费 95294.58 元，该费用在前案中未作处理。

【案件焦点】

1. 发包人与承包人对外承担连带责任后，有过错的发包人所承担责任为替代责任还是最终责任；2. 对外责任承担者是否有权追偿应根据过错划分责任份额。

【法院裁判要旨】

山东省淄博市博山区人民法院经审理认为：本案争议焦点为作为发包人的庞某对王某的雇员承担连带赔偿责任后能否追偿以及追偿份额。本案中，庞某作为工程发包人有义务审查王某资质，但出于经济利益考虑，未履行此义务，选择了无资质的王某，显然违反了法律的相关规定，具有明显过错；王某作为雇主，未提供安全生产条件及安全保障措施，也具有过错。双方的过错结合，侵犯了案外人的合法权益，形成共同侵权。庞某、王某均是最终责任的共同承担者。庞某主张其无过错，其用工主体责任仅是替代责任，享有完全追偿权，于法无据，法院不予采信。

关于庞某、王某内部的责任比例，根据法律规定，应根据各自责任大小确定相应的赔偿数额。根据过错程度区分，雇员在为雇主提供劳务时，其人身置于雇主一定的控制支配下；雇主可以根据雇佣关系指挥命令雇员的用工行为，且雇员所为劳动之收益归属于雇主。再者，雇主直接受有雇员劳动产生的收益，雇主有责任保障为其创造利益的雇员的用工安全。根据《中华人民共和国建筑法》规定，施工现场安全由建筑施工企业负责。同理，王某亦应负责其所承揽工程的施工现场安全，其未履行保障义务致发生安全生产事故，过错较大。发包人无法直接对雇员的活动进行管理，仅应尽到作为诚信善意之人的注意义务，其过错表现在对雇主选任、监督、管理疏于注意。在雇佣关系中，雇员的劳动直接为雇主创造利润，雇员伤害应当计入雇主的生产成本和经营风险，雇主因雇佣行为获得的收益高于发包人获得的收益，基于此，雇主较发包人承担更多责任符合公平和利益平衡原则。综上，雇主对雇员受害的过错远大于发包人，应当承担主要赔偿义务，而发包人所承担的赔偿义务要轻于雇主。王某辩称双方各占50%责任份额的主张，于法无据，法院不予采信。综合本案实际情况，法院酌定庞某承担20%的责任份额，王某承担80%的责任份额。

关于双方应共同承担的损失数额。除生效判决认定的赔偿数额142427.36元外，一审判决由二人共同负担的案件受理费1556元及王某垫付且按照判决确定的责任份额95%计算后的医疗费损失90529.85元，亦应认定属于双方共同承担的损失数额。根据前述责任分担比例，庞某最终应承担的损失数额为46902.64元，王某最终应承担的损失数额为187610.57元。现庞某本案中主张的3万元未超出其应负担的数额，无权向王某追偿，对庞某要求王某清偿前述款项及利息的诉讼请求，法院不予支持。庞某清偿超出其责任份额后，可另行主张权利。

山东省淄博市博山区人民法院依照《中华人民共和国民法总则》第六条，《中华人民共和国侵权责任法》第六条、第十四条规定，判决：

一、确认山东省淄博市博山区人民法院民事判决中庞某、王某内部应承担的责任份额为庞某承担20%的责任、王某承担80%的责任；

二、驳回庞某的诉讼请求。

庞某、王某不服一审判决，提起上诉。

山东省淄博市中级人民法院经审理同意一审法院裁判意见，依照《中华人民共和国民事诉讼法》第一百七十条第一款第一项规定，判决：

驳回上诉，维持原判。

【法官后语】

随着社会经济的活跃，涉及劳务分包的雇员人身损害赔偿纠纷案件与日俱增。人民法院一般均会根据当事人的诉请，依据相关司法解释判决发包人与雇主承担连带赔偿责任。但在发包人与作为承包人的雇主内部责任承担上，存在一定争议。

实务中，对发包人基于选任不当对承包人的雇员承担连带赔偿责任后能否追偿，存在两种截然不同的观点：观点一认为，可全额追偿，理由为雇主是雇员损害赔偿的终极责任承担者，发包人基于选任过错承担的责任仅为先行支付的替代责任；观点二认为，可部分追偿，其中对因自己过错所承担部分无权追偿，理由是发包人选任不当违反法定义务，与雇主均存在过错，构成共同侵权。

按学理解释，连带责任是两个或两个以上的责任主体对债权人所负的不可分割的法律责任，其特征是权利人可以向任一连带主体主张权利，而任一连带责任主体都负有向权利人清偿全部债务的责任。基于连带责任人承担责任后是否享有追偿权，可以区分为替代责任与直接责任。承担民事责任的主体承担相应责任后，如无法定向他人追偿的事由，则属于直接责任；如若尚有其他可追偿途径，则属于替代责任。典型的如保证人的保证责任。

在涉及争议的同类型案件中，工程发包人有义务审查承包人资质，但出于经济利益考虑，未履行此义务，选择了无资质的承包人，显然违反了法律的相关规定，具有明显过错；作为雇主的承包人，未提供安全生产条件及安全保障措施，也具有过错。双方的过错结合，侵犯了雇员的合法权益，形成共同侵权。根据法律规定，共同侵权人应当承担连带责任，因此庞某、王某均是最终直接责任的共同承担者。发包人主张其是先行垫付的替代责任，要求全额追偿缺乏依据，即为观点一失之偏颇之所在。

垫付责任与连带责任存在诸多不同。首先，垫付责任多存在于侵权人无力承担民事责任时，基于法定事由才由垫付人垫付；而本案涉及的同类案件应认定发包人与承包人共同侵权，承担的均是直接责任。其次，垫付人承担的不是直接责任，其后期可追偿全部垫付费用；而发包人仅能追偿除自己应承担责任份额外的赔偿费用。最后，垫付人不应被认定为侵权人，其行为与损害结果之间不存在因果关系；发包人的选任过失行为与雇员之间人身损害存在因果关系。

基于前述不同区分垫付责任和连带责任后，在承担连带责任之后，作为共同侵权人的发包人与承包人之间，就责任份额的划分，应考虑如下两点：1. 根据公平原则和利益平衡原则确定；2. 应根据各自过错程度确定。就本案而言，庞某作为发包人，其过错在于将工程发包给无资质的王某，表现在对雇主选任、监督、管理疏于注意。而王某作为雇主，在雇员为其提供劳务时，雇员处于雇主的直接控制指挥下，雇主可以根据雇佣关系指挥命令雇员的用工行为，且雇员所为劳动之收益归属于雇主，雇主有责任保障为其赢取利益的雇员的用工安全。参照《中华人民共和国建筑法》的相关规定，施工现场安全由建筑施工企业负责。同理，王某亦应负责其所承揽工程的施工现场安全，其未履行保障义务致发生安全生产事故，过错较大。综上，雇主对雇员受害的过错远大于发包人，应当承担主要赔偿义务，而发包人所承担的赔偿义务要轻于雇主。综合本案实际情况，法院酌定庞某承担20%的责任份额，王某承担80%的责任份额。

编写人：山东省淄博市博山区人民法院　卜凡国　张娜

32

装卸工摔伤形成民事关系的认定标准

——梁某传诉何某、王某武提供劳务者受害责任案

【案件基本信息】

1. 裁判书字号

广西壮族自治区来宾市中级人民法院（2020）桂13民终1756号民事判决书

2. 案由：提供劳务者受害责任纠纷

3. 当事人

原告（被上诉人）：梁某传

被告（上诉人）：何某

被告（被上诉人）：王某武

第三人（被上诉人）：苏某吕

【基本案情】

2019 年 9 月 5 日，何某通知王某武帮其装卸大米，王某武又叫了梁某传及苏某吕一起帮忙装卸。当日，梁某传扛米袋进入何某家，何某家地上铺着油纸袋（玉米淀粉袋），梁某传扛着大米经过时跌倒造成左腿受伤，随即被送往门诊治疗。经医院检查，梁某传左胫骨、腓骨骨折。梁某传自 2019 年 9 月 5 日至 9 月 13 日共住院 8 天，医生医嘱建议休息三个月，住院期间留陪护人员一名。出院后隔 2 日到门诊换药一次，缝合口愈合后拆除缝线，拄拐患肢不负重功能锻炼，每月到门诊复查 X 片，骨折愈合后手术取出内固定器。治疗期间医疗费开销为 6234. 94 元，梁某传已自行垫付。

另查明，梁某传在事发当日穿拖鞋进行装卸搬运工作。

【案件焦点】

1. 梁某传与何某、王某武、苏某吕之间形成什么民事关系；2. 梁某传受伤应由谁负责赔偿，具体如何赔偿。

【法院裁判要旨】

广西壮族自治区来宾市金秀瑶族自治县人民法院经审理认为：从给付劳动报酬的方式、劳动的专属性等方面来看，梁某传与何某之间形成的是劳务关系。劳务关系是两个或两个以上平等主体之间就劳务事项进行等价交换过程中形成的权利义务关系，双方之间只形成劳动力的支配与被支配关系，并不存在服从管理与被服从管理关系。故法院对梁某传自认其与何某之间存在雇佣关系，不予采信。根据《中华人民共和国侵权责任法》第三十五条规定，个人之间形成劳务关系……提供劳务一方因劳务自己受到损害的，根据双方各自的过错承担相应责任。梁某传在提供劳务过程中受伤，因其对自己所从事的搬运工作没有做好基本防护，穿着拖鞋装卸大米，其对损害结果的发生存在过错。同时，何某在搬运必经的地面上铺设袋子，何某作为接受劳务一方，理应维护好工作场所，做好必要防护措施，防止不安全事故的发生，因其未尽合理注意义务，对损害结果的发生也存在过错。法院酌定按照 5∶5 比例由梁某传与何某承担此次人身损害赔偿责任。何某抗辩其与王某武存在承揽关系，王某武与梁某传存在雇佣关系，故对梁某传造成的人身损害损失应由王某武全部负责，其不承担任何赔偿责任。承揽关系中，承揽人所付出的首先是一定的技术成果，其次才是一定的劳动力，加之承揽事项具有特殊性，一般需要具备相应的设备条件，蕴含一定技术成分，本案中，王某武所提供的是一种单纯的体力劳动，没有技术含量成分，所获报酬也仅是劳动力的价值，显然不符合承揽关系认定。而雇佣关系是雇员根据雇主要求提供相应的劳务，雇主提供劳务报酬，雇主处于支配地位，雇员则处于被支配的从属地位。本案王某武虽召集梁某传及苏某吕一起帮何某装卸大米，但三人之间同工同酬，内部也没有体现支配、从属地位，王某武与梁某传、苏某吕亦不符合雇佣关系的认定。故对何某上述抗辩理由法院不予采纳。综合全案，法院对梁某传的损失确定如下：医疗费 6234.94 元、住院伙食补助费 800.00 元、护理费 1055.68 元、误工费 12932.08 元，四项合计 21022.70 元。按照过错比例，梁某传自行承担 50%的损失 10511.35 元，何某承担 50%的损失 10511.35 元。王某武、苏某吕不承担赔偿责任。

广西壮族自治区来宾市金秀瑶族自治县依照《中华人民共和国侵权责任法》第三十五条，《中华人民共和国民事诉讼法》第六十四条第一款，《最高人民法院关于审理人身损害赔偿案件适用法律若干问题的解释》第十九条、第二十条、第二十一条、第二十三条，《最高人民法院关于适用〈中华人民共和国民事诉讼法〉的解释》第九十条规定，判决：

一、何某赔偿梁某传因人身损害造成的各项损失 10511.35 元；

二、驳回梁某传的其他诉讼请求。

何某不服一审判决，提起上诉。

广西壮族自治区来宾市中级人民法院经审理同意一审法院裁判意见，依照《中华人民共和国民事诉讼法》第一百七十条第一款第一项规定，判决：

驳回上诉，维持原判。

【法官后语】

本案在审理过程中，产生了不同的意见：第一种意见认为，梁某传与何某之间系雇佣关系，梁某传通过王某武介绍工作后，受何某指挥安排，并在其固定场所内装卸大米，何某按照梁某传工作量计算支付报酬，双方形成雇佣关系。梁某传在从事雇佣活动过程中遭受人身损害，何某应承担赔偿责任。第二种意见认为，梁某传与何某之间系承揽合同关系，即何某把装卸大米的工作通过王某武交由梁某传，梁某传向何某交付装卸大米的劳动成果，何某支付相应的报酬。梁某传在承揽关系中造成自身损害的，何某不负赔偿责任。第三种意见认为，梁某传为提供劳务的一方，何某为接受劳务的一方，王某武只是介绍工作机会，苏某吕只是一起参与劳务，故梁某传与何某之间属于个人间劳务关系。梁某传受伤的损害赔偿应根据何某、梁某传各自的过错责任分别承担。

笔者同意第三种意见。雇佣关系是指受雇佣人在一定或不特定的期间内，接受雇佣人的指挥与安排，为其提供特定或不特定的劳务，雇佣人接受受雇人提供的劳务并依约给付报酬的权利义务关系。而承揽合同关系，根据《中华人民共和国民法典》的规定，承揽关系的合同标的是定作人所要求的由承揽人所完成的工作成果。该工作成果既可以是体力劳动成果，也可以是脑力劳动成果，可以是物，也可以是其他财产。但其必须具有特定性，是按照定作人特定要求，只能由承揽人为满足定作人特殊需求通过自己与众不同的劳动技能和专业知识才能完成的。劳务关系是指两个或两个以上的平等主体之间就劳务事项进行等价交换过程中形成的权利义务关系。而具体到本案中，梁某传付出的仅是简单的体力劳动，技术含量低，可替代性强，且所获的报酬成分单一，即按搬卸量计算报酬。本案不存在需要运用专业知识、技能才能完成并交付工作成果的情形，梁某传为提供劳务的一方，何某为接受劳务的一方，王某武只是介绍工作机会，苏某吕只是一起参与劳务，综上所述，梁某传与何某之间属于劳务关系。关于提供劳务者因劳务遭受人身损害的赔偿责任，法律已作出明确规定，即由接受劳务的一方与提供劳务的一方按照各自过错比例分担，本案中梁某传穿拖鞋装卸大米，疏于安全防范，何某未履行好安全提醒义务和做好安全防护，双方都存在过错，故认定双方各自承担50%的经济损失。

雇佣关系、承揽合同关系和劳务关系之间的区别如下：

一、概念不同

雇佣关系是指受雇佣人在一定或不特定的期间内，从事雇主授权或者指示范围内的生产经营活动或者其他劳务活动，雇佣人接受受雇佣人提供的劳务并按约定给付报酬的权利义务关系。

承揽关系是承揽人按照定作人的要求完成工作，交付工作成果，定作人给付报酬的权利义务关系。

劳务关系是指劳动者提供劳动力，用人单位使用劳动力，双方形成劳动力的支配与被支配关系。

二、双方当事人之间的人身支配与服从管理关系不同

雇佣关系中雇主与雇员之间的地位是不平等的，双方之间具有支配与服从关系，雇佣人必须为受雇人提供合理的劳动条件和安全保障，同时对其工作进行监督管理，受雇人则需听从雇佣人的安排，按其意志提供劳务；

承揽合同关系中双方当事人的地位是平等的，不存在支配与服从关系，在劳动中承揽人一般是自行决定自己的操作规程和劳动过程，不受定作人的组织指挥和监督管理，承揽人在完成工作中具有独立性；

劳务关系中双方只形成劳动力的支配与被支配关系，并不存在服从管理与被服从管理关系。

三、提供劳动和支付报酬的内容不同

雇佣关系中，雇工所付出的主要是劳动力，当然也包含一定的技术成果，但通常其技术含量比较低，其报酬成分也比较单一，仅包括劳动力的价值。雇主享有雇工劳动的一切成果，这种成果不是雇主付酬的直接对象。

承揽关系中，承揽人所付出的首先是一定的技术成果，其次才是一定的劳动力；承揽事项应具有特殊性，一般需要具备相应的设备条件，蕴含一定的技术成分，为此，《中华人民共和国民法典》规定承揽事项包括加工、定作、修理、复制、测试、检验等相类似的工作，且规定了承揽人应当以自己的设备、技术和劳力，完成主要工作承揽。

承揽关系中的报酬也不同于一般劳务关系中的报酬，其报酬不仅包含劳动

力的价值，还应当含有技术成分的价值以及一定的利润成分，即定作人接受承揽人物化的劳动成果，该成果是定作人付酬的直接对象。

劳务关系中劳动者只提供单纯的体力劳动，没有技术含量的成分，所获报酬也仅是劳动力的价值。

四、承担的法律责任不同

雇佣关系中雇工在从事雇佣活动中遭受人身损害，雇主应当承担赔偿责任。

承揽关系中承揽人在完成工作过程中造成自身损害的，定作人不承担赔偿责任。但定作人对定作、指示或者选任有过失的，应当承担相应的赔偿责任。

劳务关系中提供劳务一方因劳务受到损害的，应根据双方各自的过错程度承担相应的赔偿责任。

编写人：广西壮族自治区来宾市金秀瑶族自治县人民法院　曾智菊

33

接受劳务一方未提供安全保障措施，导致提供劳务一方受伤死亡应承担过错赔偿责任

——韦某等诉韦某芳提供劳务者受害责任案

【案件基本信息】

1. 裁判书字号

广西壮族自治区融安县人民法院（2020）桂0224民初95号民事判决书

2. 案由：提供劳务者受害责任纠纷

3. 当事人

原告：韦某、肖某、李某、韦某一、韦某二

被告：韦某芳

第三人：韦某金、韦恩某、韦峰某、韦某仑、韦某帮

【基本案情】

2019年11月6日，韦某芳联系韦某金叫其帮忙找人砍伐杉树，砍伐价格为每立方米140元，韦某金等经联系和协商，同意为韦某芳砍伐树木。2019年11月9日14时30分，韦某丁在砍伐树木过程中，与其一组的韦某金发现将要被砍伐的树木有压倒前面板栗树反弹的危险，要求韦某丁先砍倒板栗树排除安全隐患，韦某丁没有接受提醒，继续砍伐，导致砍伐的树木被板栗树反弹回来，后又没有接受韦某金的提醒，退到安全的位置躲避，最终导致韦某丁被砍伐的树木反弹砸中头部受伤，当即被送往医院救治，2019年11月10日4时31分，韦某丁因中枢功能衰竭在医院死亡。事故发生后，韦某芳给付韦某丁的亲属20000元作为丧葬费。

韦某、肖某婚后生育五个子女，分别为韦某甲、韦某乙、韦某丙，韦某丁，韦某戊。韦某丁、李某婚后生育两个女儿，分别为韦某一，韦某二。

【案件焦点】

1. 韦某芳与韦某丁、韦某金等是否存在劳务关系；2. 韦某丁与韦某金等是何种法律关系；3. 韦某芳与韦某金等是否存在承揽合同关系。

【法院裁判要旨】

广西壮族自治区融安县人民法院经审理认为：个人合伙是两个以上公民按照协议，各自提供资金、实物、技术等，合伙经营，共同劳动。劳务关系是劳动者与用人者根据约定，由劳动者提供劳动服务，用人者支付劳务报酬。个人之间形成劳务关系，提供劳务一方因劳务造成他人损害的，由接受劳务一方承担侵权责任。提供劳务一方因劳务自己受到损害，根据双方各自的过错承担相应的责任，本案中，韦某丁、韦某金等为韦某芳砍伐树木，韦某芳向韦某丁、韦某金等支付劳动报酬，韦某丁、韦某金等与韦某芳成立劳务关系。韦某丁在砍伐树木时因疏忽大意造成本次事故发生，存在重大过错，应承担70%的主要责任，

韦某芳没有为韦某丁提供安全保障措施，也存在过错，应承担30%的次要责任。

广西壮族自治区融安县人民法院依照《中华人民共和国民法通则》第九十八条、第一百零六条、第一百一十九条、第一百三十四条，《中华人民共和国侵权责任法》第二条、第十五条、第十六条、第十八条、第二十二条、第三十五条，《最高人民法院关于确定民事侵权精神损害赔偿责任若干问题的解释》第八条、第十条，《最高人民法院关于审理人身损害赔偿案件适用法律若干问题的解释》第一条、第十八条、第十九条、第二十七条、第二十八条、第二十九条规定，判决：

一、韦某芳于本判决生效之日起十日内赔偿韦某、肖某、李某、韦某一、韦某二医疗费、丧葬费、死亡赔偿金、被扶养人生活费、精神损害抚慰金等经济损失，共计239534.94元；

二、驳回韦某、肖某、李某、韦某一、韦某二的其他诉讼请求。

【法官后语】

提供劳务者受害责任纠纷，是指在劳务关系成立的前提下，提供劳务一方因劳务而受到损害，提供劳务者向接受劳务者主张损害赔偿，双方根据各自的过错程度承担相应的民事责任。一般劳务关系中，对于提供劳务者的损害由劳务双方按照各自过错承担责任，或按无过错责任归责原则由接受劳务方承担赔偿责任。然而在承揽关系中则由承揽人独自承担意外风险，定作人仅对定作、指示或选任上的过失承担责任。两种法律关系中对接受劳务方的责任认定规则并不相同。接受劳务方的主要抗辩理由之一即否认建立一般的劳务关系，主张系承揽关系。本案中，韦某等主张韦某丁与韦某芳成立雇工雇主关系（劳务关系），韦某芳抗辩仅与韦某金等成立承揽关系，与韦某丁不成立任何法律关系。韦某丁、韦某芳、韦某金等之间成立何种法律关系，及韦某丁、韦某芳、韦某金等过错责任的认定及承担，成为本案的两大焦点问题。

一、法律关系的认定

韦某等主张韦某丁与韦某芳成立雇工雇主法律关系，韦某芳则认为与韦某丁不存在任何法律关系，仅与韦某金等成立承揽关系。根据《中华人民共和国民法典》第七百七十条规定，承揽合同是承揽人按照定作人的要求完成工作，交付工作成果，定作人支付报酬的权利义务关系。承揽人应当以自己的设备、技术和劳力完成主要工作，但当事人另有约定的除外。承揽关系与劳务关系区分的主要特征在于：第一，当事人双方是否存在控制、支配和服从的关系；第二，工作者是否自带劳动设备；第三，提供工作的一方提供的内容不同；第四，是定期给付劳动报酬还是一次性结算报酬。本案中韦某芳联系韦某金找人砍伐杉树，并指定砍伐地点，砍伐树木的规格、报酬计算。韦某丁、韦某金等自带工具、提供劳力为韦某芳砍伐杉树，后按砍伐树的材积量结算劳动报酬，足以认定韦某丁与韦某芳之间成立劳务关系。

二、过错责任的认定及责任承担

韦某丁与韦某芳成立劳务关系，对于过错责任划分，本案认定韦某丁在劳务过程中，作为完全民事行为能力人，在韦某金两次提醒其注意砍倒杉树会压到前面的板栗树，有反弹回来的危险，但韦某丁对提醒置之不理，未尽安全注意义务，且在劳动中没有采取安全防范措施，导致韦某丁被砍倒的杉树压到板栗树后反弹砸中头部受伤死亡，韦某丁在本次事故中存在重大过错承担主要责任，韦某芳没有为韦某丁提供安全保障措施也存在过错，承担次要责任。《中华人民共和国民法典》第一千一百九十二条规定，个人之间形成劳务关系，提供劳务一方因劳务造成他人损害的，由接受劳务一方承担侵权责任。接受劳务一方承担侵权责任后，可以向有故意或者重大过失的提供劳务一方追偿。提供劳务一方因劳务受到损害的，根据双方各自的过错承担相应的责任。提供劳务期间，因第三人的行为造成提供劳务一方损害的，提供劳务一方有权请求第三人承担侵权责任，也有权请求接受劳务一方给予补偿。接受劳务一方补偿后，可以向第三人追偿。

编写人：广西壮族自治区融安县人民法院　罗家宏

34

个人之间形成劳务关系，提供劳务一方因劳务受到损害的，根据各自的过错承担相应责任

——黄某术诉李某柱等提供劳务受害责任案

【案件基本信息】

1. 裁判书字号

湖北省利川市人民法院（2020）鄂 2802 民初 428 号民事判决书

2. 案由：提供劳务受害责任纠纷

3. 当事人

原告：黄某术

被告：李某柱、吴某富、建材公司

【基本案情】

李某柱长期在甲镇运输水泥，吴某富长期在甲镇卸载水泥。2019 年 9 月 24 日，建材公司让李某柱将水泥从万州运输到甲镇，双方约定货物送到指定地点后按 78 元/吨给李某柱结算，其中包含运费 63 元/吨，卸货费 15 元/吨，吴某富知道后联系李某柱搬运水泥。凌晨，李某柱将水泥运到谋道后联系吴某富，吴某富邀请黄某术一起搬运水泥，到指定地点后，吴某富和黄某术约定由黄某术在车上将水泥搬运到车厢门口，吴某富将车厢门口的水泥搬运到地上指定位置，平均分配卸货费。随后，李某柱将车厢升至一定高度后到驾驶室睡觉，吴某富和黄某术协作搬运水泥，黄某术将第 12 包水泥从水泥堆上扯出时，水泥包向旁边滑落将黄某术从车上摔至地上受伤。随后，黄某术被送往医院住院治疗 10 日，经诊断为左桡骨骨折，住院医疗费由城乡居民医疗保险报销 13552.01

元后，黄某术实际支出 2413.97 元。2019 年 10 月 16 日司法鉴定所出具《司法鉴定意见书》，载明“六、鉴定意见。被鉴定人黄某术伤后误工时间需 180 日，护理时间需 60 日，营养时间需 90 日，后期治疗费用需 13000 元及后期住院治疗时限需 20 日”，黄某术支出检查费 215.80 元。

另查明，黄某术受伤期间由其丈夫王某权进行护理，黄某术夫妇均从事水泥搬运工作。

【案件焦点】

1. 黄某术与李某柱、建材公司、吴某富之间形成何种法律关系；2. 黄某术的损失应由何人承担，黄某术是否具有过错，是否应对损害承担一定责任。

【法院裁判要旨】

湖北省利川市人民法院经审理认为：建材公司销售水泥，水泥的运输和装卸均包含在销售范围内，李某柱按建材公司的指示将水泥运输至指定地点，从中收取运费，双方形成了运输合同关系；庭审中双方均认可建材公司按 78 元/吨的价格向李某柱支付费用，其中包括运费和卸货费。李某柱代为雇请卸货人员并将公司支付的卸货费直接付给吴某富，并未从中获取利益。因此，建材公司与黄某术、吴某富之间虽未签订书面合同，但形成了事实上的劳务关系。卸载水泥的工作虽由吴某富联系，但黄某术与吴某富协作劳动，平均分配收益，双方形成合伙关系。

黄某术为建材公司提供劳务，黄某术为提供劳务方，建材公司为接受劳务方，黄某术按接受劳务方的指示将水泥从车上卸载到指定地点，受接受劳务方的指挥和监督，接受劳务方应保证其提供的工作场所具有安全性。建材公司向黄某术提供的劳动场所存在安全隐患，与事故的发生有一定的因果关系，其未尽到货物装卸过程中的安全管理义务，应承担相应的责任。李某柱作为驾驶员将车厢升到一定高度的行为是为了方便黄某术等卸载水泥，但其应在黄某术等卸载水泥期间根据货物卸载情况及时调整车厢高度。而李某柱在升起车厢后便到驾驶室睡觉，未尽到后续的安全管理义务，导致车厢倾斜度较大造成黄某术搬运水泥不便，该行为上的过失与事故发生具有一定的因果关系，应承担部分责任。水泥装卸系风险性较小的工作，如果按照正规操作流程一般情况下是不会造成人身损害的。黄某术陈述其已卸载了 11 包水泥，在拉扯第 12 包水泥时其中一包水泥滑落将其甩出车厢导致其受伤。由此可见，本起事故发生的主要原因系黄某术操作不规范，在卸载水泥时未注意现场环境，未注意自身安全导致的，应承担部分责任。吴某富与黄某术系合伙关系，双方平均分配利润，从中并未获取利益，且双方均为建材公司提供劳务，故吴某富在本案中不承担责任。根据本案的基本情况结合各自的过错，法院酌定由建材公司承担 30%的责任，李某柱承担 20%的责任，黄某术自行承担 50%的责任。

综上，黄某术因本次事故产生医疗费 2629. 77 元、误工费 18000 元、护理费 6000 元、营养费 4500 元、伙食补助费 3000 元、后续治疗费 13000 元、鉴定费 1800 元，共计 48930 元。由建材公司承担 14679 元，李某柱承担 9786 元，其余部分由黄某术自行承担。

湖北省利川市人民法院依照《中华人民共和国侵权责任法》第六条、第十五条、第十六条、第二十六条、第三十五条，《最高人民法院关于审理人身损害赔偿案件适用法律若干问题的解释》第十七条、第十九条、第二十条、第二十一条、第二十三条、第二十四条，《中华人民共和国民事诉讼法》第六十四条第一款规定，判决：

一、黄某术因本次事故产生医疗费、误工费、护理费、营养费、伙食补助费、后续治疗费、鉴定费共计 48930 元，由建材公司赔偿黄某术 14679 元，李某柱赔偿黄某术 9786 元，下余 24465 元由黄某术自行承担。上述款项在本判决生效后十日内一次性付清；

二、吴某富在本案中不承担责任；

三、驳回黄某术的其他诉讼请求。

【法官后语】

提供劳务受害者责任纠纷包含个人和个人、个人和非个人两种情形，其以存在劳务关系为基础。提供劳务一方遭受损害时，通常就其损害的赔偿事宜在责任上产生争议。此类型案件高发于建筑施工等日常务工领域，和公民个人的生命健康权密切相连，常常因此引发损害寻求权利救济。此类案件不仅关乎公民个人权利保障，更涉及劳务用工方和提供方之间的用工风险和个人生存发展的平衡。妥善审理此类案件要在查清事实的基础上，首先厘清各方主体之间的法律关系，再合理确定损害赔偿的边界范围，进而精准定位承担责任的适格主体，从而保护各方当事人的合法权益。

对于提供劳务受害责任纠纷，主要有以下难点：1. 接受劳务主体认定难以把握；2. 劳务关系类型多样，认定需审慎；3. 对于非个人之间劳务关系中归责原则适用问题意见不一；4. 受到损害一方遭受损害的审查标准难以把握。首先，在接受劳务主体认定上，因日常经济生活生产主体多元，社会分工多层，在此种类型案件中可能又涉及发包人、分包人、雇主等诸多主体，不同类型之间存在本质差异。在实践过程中，当事人往往缺乏签订书面劳务合同的意识，发生损害多会在认定劳务关系的建立上存在争议。其次，劳务关系类型多样复杂，发生事故后接受劳务一方需要承担责任的认定规则存在差异。这需要准确把握不同劳务关系之间的差异性，综合予以甄别。再次，个人之间劳务关系中对于归责原则的适用存在不同意见。《中华人民共和国民法典》第一千一百九十二条虽然规定个人之间形成劳务关系，提供劳务一方因提供劳务受到损害产生纠纷的归责原则为过错原则，但是对于个人和用工单位之间形成劳务关系产生损害赔偿是否适用无过错责任原则没有形成一致意见。最后，在受到损害一方遭受损害的审查标准上，因为劳务用工一般比较随意，证据固定往往存在困难，一旦发生事故，过错认定存在很大难度。

在审理此类案件时，不仅要兼顾当事人权益保障，还要注重协调接受劳务一方的利益和生存发展的比例，平衡好劳务关系与侵权关系之间的协调性。审理此类案件，要从个案审理中发挥引导接受劳务方规范用工形式，提高各方安全保障意识，完善生命健康保障措施的作用。要把握好主体是否适格，关注用工的类型和接受劳务的主体，进而审查提供劳务者受到损害的范围，最终再落到责任划分上。

编写人：湖北省利川市人民法院　滕志军

五、赔偿协议与标准

35

违法分包用工中受害劳动者可否主张双重赔偿的认定

——毕某诉王某提供劳务者受害责任案

【案件基本信息】

1. 裁判书字号

安徽省黄山市中级人民法院（2020）皖10民终26号民事判决书

2. 案由：提供劳务者受害责任纠纷

3. 当事人

原告（上诉人）：毕某

被告（被上诉人）：王某

【基本案情】

建设公司承建了某园区污水处理厂的建设工程，并将工程的油漆涂料里外装饰工程分包给王某。2015年6月27日，毕某受雇于王某在工地从事油漆工作，双方约定工资为每天240元。2015年7月8日，毕某在工作时从钢管架上坠落受伤。毕某经医院治疗，住院共37天，花费医疗费138114.8元，王某支付了36000元，建设公司支付了102114.8元。此后，人力资源和社会保障局作出认定，毕某为工伤。毕某的伤情经劳动能力鉴定委员会鉴定为伤残八级，停工留薪期为五个月。

毕某于2016年6月申请仲裁，因不服仲裁向宁夏回族自治区灵武市人民法院起诉建设公司主张工伤赔偿费用。经法院审理作出（2016）宁0181民初3564号民事判决，建设公司向毕某支付一次性伤残补助金、一次性工伤医疗补助金、一次性伤残就业补助金、停工留薪工资等工伤待遇共计161909元。建设公司不服一审判决，提起上诉，宁夏回族自治区银川市中级人民法院维持原判。判决已生效并赔偿完毕。2019年7月8日，毕某以其在提供劳务过程中人身受到损害，发包方建设公司已经赔付了161909元，雇主王某应承担赔付不足的部分为由向安徽省歙县人民法院提起诉讼，起诉的赔偿计算标准依旧按照工伤赔偿标准。同年7月11日，安徽省歙县人民法院裁定对毕某的起诉不予受理。毕某不服一审判决，提起上诉。同年8月13日，安徽省黄山市中级人民法院作出裁定，撤销安徽省歙县人民法院民事裁定，指令立案受理。同年9月10日，经司法鉴定所鉴定：1. 毕某因高坠致右胸七根肋骨骨折评定为伤残十级；2. 损伤评定为误工210日，护理90日，营养90日。

【案件焦点】

违法分包中，发包组织已履行劳动者工伤赔偿责任后，个人承包经营者是否应当承担劳动者的人身损害赔偿责任。

【法院裁判要旨】

安徽省歙县人民法院经审理认为：依照《最高人民法院关于审理人身损害赔偿案件适用法律若干问题的解释》第十二条“依法应当参加工伤保险统筹的用人单位的劳动者，因工伤事故遭受人身损害，劳动者或者其近亲属向人民法院起诉请求用人单位承担民事赔偿责任的，告知其按《工伤保险条例》的规定处理。因用人单位以外的第三人侵权造成劳动者人身损害，赔偿权利人请求第三人承担民事赔偿责任的，人民法院应予支持”的规定，法律肯定了受害人对于第三人的独立赔偿请求权。即因第三人侵权造成的工伤，赔偿权利人可同时主张工伤赔偿和侵权赔偿。对于毕某是否符合第三人侵权引发的工伤，法院认为本案毕某在工作时从钢管架上坠落受伤，不属于第三人侵权引发的工伤情形，依法不具有双重赔偿选择权。

依据《中华人民共和国劳动合同法》第九十四条“个人承包经营违反本法规定招用劳动者，给劳动者造成损害的，发包的组织与个人承包经营者承担连带赔偿责任”，《最高人民法院关于审理人身损害赔偿案件适用法律若干问题的解释》十一条第二款“雇员在从事雇佣活动中因安全生产事故遭受人身损害，发包人、分包人知道或者应当知道接受发包或者分包业务的雇主没有相应资质或者安全生产条件的，应当与雇主承担连带赔偿责任”的规定，本案毕某如按照上述法律规定选择工伤法律关系或侵权法律关系主张权利，作为赔偿责任主体的王某与建设公司对外均承担连带赔偿责任，故承担赔偿责任的主体具有同一性。毕某在提起工伤赔偿诉讼中选择连带赔偿责任主体之一建设公司承担责任，没有将王某作为共同被告起诉，是其对诉讼权利的自由处分，并不违反法律规定。因建设公司就工伤赔偿责任履行完毕，王某对毕某的连带赔偿责任之债也随之消灭。毕某在履行与王某之间的劳务合同过程中受伤，符合违约责任和侵权责任竞合的情形，根据《中华人民共和国合同法》第一百二十二条以及《安徽省高级人民法院审理人身损害赔偿案件若干问题的指导意见》第二十条第二款“工伤赔偿和人身损害赔偿的责任主体是同一单位的，受害人只能选择一种赔偿”规定的一致精神，毕某仅能择一赔偿。现毕某已选择工伤赔偿且获得赔偿款 161909 元，本案侵权诉讼所计算的赔偿总额 100544. 94 元少于工伤赔偿数额，工伤赔偿数额足以弥补毕某所受的损失，如果毕某又以侵权损害赔偿为由获得赔偿，不仅不符合法律的规定，损害同一责任主体的利益，同时使得毕某因一次伤害而得到双重赔偿，远远超出了其实际遭受之损害，违背了民事赔偿的损失填补原则，不符合社会公平正义之理念。

综上，毕某受伤并不属于因第三人侵权引发的工伤情形，依法不具有双重赔偿选择权。工伤赔偿和人身损害赔偿的责任主体是同一单位的，受害人只能选择一种赔偿。

安徽省歙县人民法院依照《中华人民共和国合同法》第一百二十二条，

《中华人民共和国侵权责任法》第二十条，《最高人民法院关于审理人身损害赔偿案件适用法律若干问题的解释》第十一条、第十二条规定，判决：

驳回毕某的诉讼请求。

毕某不服一审判决，提起上诉。

安徽省黄山市中级人民法院经审理同意一审法院裁判意见，依照《中华人民共和国民事诉讼法》第一百七十条第一款第一项规定，判决：

驳回上诉，维持原判。

【法官后语】

因第三人侵权造成的工伤，当事人可同时主张工伤赔偿和侵权赔偿的双重赔偿。违法发包人已就受害人的工伤待遇赔偿，受害劳动者向个人承包人主张提供劳务者受害的赔偿，受害人能否获赔。本文作如下解析：

一、何种情形能够获得“双赔”

因为劳动法和侵权责任法对于工伤事故中当事人权益的保护都有规定，因而受害的劳动者既享有基于劳动法律关系的工伤保险待遇的请求权，又享有基于侵权法律关系的人身损害赔偿的请求权，产生工伤责任和侵权责任竞合的情形。对于救济的途径，我国对于劳动者因第三人原因引发工伤，采取“双赔”的救济模式。《最高人民法院关于审理人身损害赔偿案件适用法律若干问题的解释》第三条规定：“依法应当参加工伤保险统筹的用人单位的劳动者，因工伤事故遭受人身损害，劳动者或者其近亲属向人民法院起诉请求用人单位承担民事赔偿责任的，告知其按《工伤保险条例》的规定处理。因用人单位以外的第三人侵权造成劳动者人身损害，赔偿权利人请求第三人承担民事赔偿责任的，人民法院应予支持。”在法律解释中肯定了受害人对于第三人有独立的赔偿请求权。即因第三人侵权造成的工伤，扣除医疗费、残疾器具辅助费等直接费用之外，赔偿权利人可同时主张工伤赔偿和侵权赔偿。故而第三人侵权引发工伤属于劳动者可以获得双重赔偿的情形。

二、同一赔偿主体能否获得“双赔”

工伤责任主体与侵权责任主体为同一主体时，工伤待遇与人身损害赔偿是否能够兼得？一种观点认为，工伤劳动者既可以请求民事赔偿又可以请求工伤赔偿，因为两种法律关系不同，无论是否因第三人引起的工伤，均可依法获得双重赔偿；另一种观点认为，法律关系竞合，赔偿主体亦竞合的情况下，应当适用利益填补原则，不应适用双重赔偿模式。本文赞同第二种观点，根据上文所引用的《最高人民法院关于审理人身损害赔偿案件适用法律若干问题的解释》第三条可以看出，符合工伤条件的劳动者就民事侵权责任起诉后，应当告知其按《工伤保险条例》规定处理。该解释就程序上明确了工伤职工受伤后应当按照工伤程序处理，而非请求民事赔偿。《中华人民共和国民法典》在涉及第三人责任的相关法律条款中均未规定可以进行双重主张，由此可见《中华人民共和国民法典》采用否定双赔的观点。如果因一次损害而致同一主体进行双重赔偿，违背了民事赔偿的损失填补原则，对于赔偿主体不甚公平。因此，就赔偿责任主体竞合时，工伤与侵权两种赔偿不能兼得。

本案中毕某在履行与王某之间的劳务合同过程中受伤，符合违约责任和侵权责任竞合情形，根据《中华人民共和国民法典》第一百八十六条以及《安徽省高级人民法院审理人身损害赔偿案件若干问题的指导意见》第二十条第二款“工伤赔偿和人身损害赔偿的责任主体是同一单位的，受害人只能选择一种赔偿”规定的一致精神，毕某仅能择一赔偿。毕某已选择工伤赔偿，本案侵权诉讼所计算的赔偿总额少于工伤赔偿数额，可见工伤赔偿数额足以弥补毕某所受的损失，如果毕某又以侵权损害赔偿为由获得赔偿，不仅不符合法律的规定，损害同一责任主体的利益，同时使其因一次伤害而得到双重赔偿，远远超出了其实际遭受之损害，有失公平。

三、“第三人侵权”的理解

对于《最高人民法院关于审理人身损害赔偿案件适用法律若干问题的解释》第三条规定中的“第三人侵权”应当作如下理解：一是由第三人引起侵权，劳动者自己在工作中受伤，显然不属于第三人侵权；二是“第三人”应当是直接侵权人，这里的侵权作狭义的解释，侵权行为应与侵权结果有直接的因果关系；三是“第三人”特指承担工伤责任主体以外的当事人，根据第十二条行文可见，上半段所解决的工伤与侵权责任竞合时告知按工伤处理，不包含下半段第三人侵权的情况，下半段肯定第三人侵权可在工伤基础上再主张民事权利。而第三人与工伤责任主体重合，可归于同一赔偿主体不应当获得双重赔偿的情形。

违法用工中的个人承包人并非工伤保险赔偿中的“第三人”。本案中，受到人身损害的劳动者毕某，在工作中自己受伤，不属于第三人侵权的情形。依据《劳动和社会保障部关于确立劳动关系有关事项的通知》第四项“建筑施工、矿山企业等用人单位将工程（业务）或经营权发包给不具备用工主体资格的组织或自然人，对该组织或自然人招用的劳动者，由具备用工主体资格的发包方承担用工主体责任”和《中华人民共和国劳动合同法》第九十四条“个人承包经营违反本法规定招用劳动者，给劳动者造成损害的，发包的组织与个人承包经营者承担连带赔偿责任”的规定，可见劳动者被认定工伤后，违法发包人与个人承包人应承担工伤保险责任。个人承包人应与违法分包人承担连带侵权责任。毕某如按照上述法律规定选择工伤法律关系或侵权法律关系主张权利，作为赔偿责任主体的王某与建设公司对外均承担连带赔偿责任，故承担赔偿责任的主体具有同一性。因此，王某并非直接造成毕某损害的第三人，且与工伤赔偿主体重合。

工伤赔偿和人身损害赔偿的责任主体是同一单位的，受害人只能选择一种赔偿。毕某在提起工伤赔偿诉讼中选择连带赔偿责任主体之一的建设公司承担责任，没有将王某作为共同被告起诉，是其对诉讼权利的自由处分，并不违反法律规定。因建设公司就工伤赔偿责任履行完毕，王某对毕某的连带赔偿责任之债也随之消灭。再向其主张侵权责任没有法律依据。

对于工伤责任中第三人侵权可获双重赔偿的把握，既要立足于工伤保险保护职工的应有之义，也要严格限定、正确理解，否则造成权利的滥用或失公允，不利于建立和谐有序的劳动关系。

编写人：安徽省歙县人民法院　李峰　江颖莉

36

雇主为雇员投保所获理赔应当抵扣雇主责任

——刘某兰等诉杨某提供劳务者受害责任案

【案件基本信息】

1. 裁判书字号

北京市第三中级人民法院（2020）京 03 民终 13189 号民事判决书

2. 案由：提供劳务者受害责任纠纷

3. 当事人

原告（被上诉人）：刘某兰、李某影、李某磊

被告（上诉人）：杨某

【基本案情】

李某受雇于杨某，从事大货车司机工作。2019 年 8 月 30 日，李某驾驶大货车由东向西遇停止信号停车时，车辆所载货物（水泥管）与车辆驾驶室相挤撞，造成李某经抢救无效死亡的交通事故。交管部门认定李某负事故全部责任。

李某为农业户口。刘某兰为李某的妻子，李某影、李某磊系李某的子女。

涉诉车辆实际所有人为杨某。杨某曾为李某投保有金额为 50 万元的机动车驾驶人员意外伤害保险。李某因交通事故死亡后，刘某兰等作为其法定继承人已经获得了该 50 万元的保险金赔付。

事故发生后，杨某垫付了 3 万元的丧葬费。

【案件焦点】

1. 杨某与李某责任比例的认定；2. 刘某兰等因杨某为李某投保保险所获得

的理赔款，是否可以抵扣杨某应承担的赔偿责任。

【法院裁判要旨】

北京市顺义区人民法院经审理认为：杨某雇用李某，但未提供相应的安全保障，存在过错；李某在驾车运输中具有重大过失。涉诉保险系商业保险，保险赔偿应作为遗产，按法定继承顺序继承，杨某不能作为该保险的受益人，其要求抵扣没有法律依据。

北京市顺义区人民法院依照《中华人民共和国侵权责任法》第十六条，《最高人民法院关于审理人身损害赔偿案件适用法律若干问题的解释》第十七条、第十八条、第十九条、第二十二条规定，判决：

一、杨某于本判决生效之日起七日内赔偿刘某兰、李某影、李某磊各项经济损失共计 296634 元；

二、驳回刘某兰、李某影、李某磊的其他诉讼请求。

杨某不服一审判决，提起上诉。

北京市第三中级人民法院经审理认为：关于责任比例的认定，一审法院根据双方的过错程度，认定李某和杨某各承担 50%的责任，并无不当。

关于保险所获得的理赔款是否可以抵扣杨某应承担的赔偿责任，应从杨某为李某投保的目的、杨某对李某是否具有保险利益以及本案行业特征三个方面进行考量。

首先，杨某为李某投保机动车驾驶人员意外伤害保险系为避免或减轻意外事件给其所造成的损失，杨某与保险公司签订保险合同的目的在于分散和转移风险，故该保险自其产生之初就与损失赔偿密切相关。

其次，雇主为雇员投保人身保险，其对雇员具有保险利益。雇主作为投保人为分散或转移风险，以雇员为被保险人，同保险人订立人身保险合同，保险费由雇主负担，在保险事故发生时，保险金由雇员或其家庭成员受领，雇主所应承担的损失赔偿数额应相应扣除。

最后，杨某为李某所投保商业保险，是针对李某所从事的行业的保障措施。在该行业的雇佣关系里，若将雇主给雇员投保的与劳务危险性相关的保险赔偿视为雇员的个人所得，则雇主为降低经济损失风险而购买保险的目的不能实现。

故刘某兰等人因杨某为李某投保所获得的理赔款，应当抵扣杨某应当承担的赔偿责任。

北京市第三中级人民法院依照《中华人民共和国侵权责任法》第十六条、第三十五条，《中华人民共和国保险法》第十二条第一款和第六款、第三十一条第一款第四项，《最高人民法院关于审理人身损害赔偿案件适用法律若干问题的解释》第十一条第一款、第十七条第一款和第三款、第十八条、第十九条、第二十二条、第二十七条、第二十九条，《中华人民共和国民事诉讼法》第一百七十条第一款第二项规定，判决：

一、撤销北京市顺义区人民法院民事判决；

二、杨某于本判决生效之日起七日内赔偿刘某兰、李某影、李某磊各项经济损失共计 46634 元；

三、驳回刘某兰、李某影、李某磊的其他诉讼请求。

【法官后语】

雇主出于减轻或分散雇佣活动中的用工风险的目的为雇员投保人身意外伤害险，在发生事故后，雇员基于保险合同所获得的理赔是否可以相应冲抵雇主本该承担的雇主责任，在实践中存在两种不同的意见：

第一种意见认为应当抵扣，理由为：首先，当雇员因提供劳务而发生伤亡等情况时，雇主可能要承担部分责任并赔偿损失，雇主为分散或转移风险而投保，若将雇主给雇员投保的与劳务危险性相关的保险赔偿视为雇员的个人所得，则雇主为降低风险而购买保险的目的不能实现。

其次，根据损益相抵原则，雇员基于同一原因既受到损害又因此而取得利益者，所得的利益应在损害金额范围内抵扣，以避免不当得利的发生。

第二种意见认为不能抵扣，原因是：首先，人身保险的受益人由被保险人或者投保人指定。投保人为与其有劳动关系的劳动者投保人身保险，不得指定被保险人及其近亲属以外的人为受益人。鉴于雇主为雇员投保人身保险，其不能当然成为保险受益人，也不能以此免除或减轻其应承担的侵权责任，因此抵扣没有法律依据。

其次，保险金的支付是基于保险合同，而赔偿金的支付是基于侵权损害的事实，二者的法律关系不同，不是基于同一因果关系产生的，不能混淆，法律并未禁止赔偿权利人可以同时获得保险理赔与侵权责任赔偿。如果事故发生后，雇主先进行了赔偿，保险公司能否以雇员已经得到雇主的赔偿为由要求抵扣保险金呢？显然不能。因为基于保险合同约定，给付条件发生就无法拒赔。但如果意外伤害保险金可以抵扣雇主的侵权责任，这将会导致一个现实不公平的问题产生，那就是事故发生后，因为主张赔偿主体的顺序不同（是先找雇主还是先找保险公司），会导致雇员或近亲属可获得的赔偿金额差异巨大。

对于以上两种观点。首先，人身意外伤害险属于商业保险范畴，保险合同利益依法归被保险人雇员或其近亲属所有，但是，保险合同受益人是谁与投保人能否通过投保令被保险人受益而在受益范围内免除其本应对被保险人承担的侵权责任并非同一问题。《中华人民共和国保险法》规定不得指定被保险人及其近亲属以外的人为受益人是为了防止道德风险，避免雇主从中牟利，保证保险合同利益归雇员或其近亲属所有，但并不是禁止雇主通过保险利益抵扣其应承担的赔偿责任。

其次，因侵权纠纷适用损失填平的原则，即无论从哪种渠道获取救济，对于雇员或其近亲属而言，只要最终损失得到全部弥补即可，雇员并未因保险金抵扣导致其所能获得的损害赔偿少于其所受损失。而且抵扣达到了既分担雇主责任，又保障雇员利益的双赢效果。从社会指引作用来看，也有助于鼓励雇主出于转嫁风险的考虑积极为雇员投保，最终能够实现保障雇员权益的社会效果。因此，显然在司法实践中支持雇员基于保险合同所获得的理赔相应冲抵雇主本该承担的雇主责任是更为合理的选择。

编写人：北京市顺义区人民法院　王宏伟

37

退休人员在提供劳务过程中受害赔偿规则

——彭某诉物业公司、劳务公司提供劳务者受害责任案

【案件基本信息】

1. 裁判书字号

北京市怀柔区人民法院（2019）京0116民初8729号民事判决书

2. 案由：提供劳务者受害责任纠纷

3. 当事人

原告：彭某

被告：物业公司、劳务公司

第三人：街道办事处

【基本案情】

彭某原系劳务公司的职工，2018年4月在该公司退休，享受养老保险待遇。退休后，彭某与劳务公司签订一份《劳务协议书》，由劳务公司委派其到物业公司继续从事物业服务工作，担任物业公司在某小区的项目部经理，由劳务公司发放工资。2018年7月16日为下雨天，彭某在小区巡视中，被小区排水口处倒塌的墙体砸伤。街道办事处系该墙体的管理者。2019年12月19日，经鉴定，彭某盆骨骨折畸形愈合构成十级伤残，胫腓骨骨折术后构成十级伤残，综合赔偿指数为15%，评定误工期240日、护理期150日、营养期150日。

【案件焦点】

1. 彭某在此次事故中遭受损害的赔偿主体是谁；2. 彭某主张的物品损失应

否在本案中得到支持。

【法院裁判要旨】

北京市怀柔区人民法院经审理认为：关于彭某在此次事故中遭受损害的赔偿主体是谁。法院认为，用人单位与其招用的已经依法享受养老保险待遇或领取退休金的人员发生用工争议，向法院提起诉讼的，法院应当按劳务关系处理。彭某已依法退休，享受养老保险待遇，故不具备劳动法律法规所规定的劳动者主体资格，彭某作为退休人员被用人单位聘用后，双方不成立劳动关系，不能适用《中华人民共和国劳动法》《中华人民共和国劳动合同法》的相关规定对彭某的损害给予保护。对彭某的损害赔偿应依据《中华人民共和国民法总则》《中华人民共和国合同法》及相关司法解释并结合合同的约定按照雇佣关系予以保护。彭某退休前与退休后，均受聘于劳务公司，由劳务公司委派到物业公司从事物业服务工作，彭某与劳务公司签订了《劳务协议书》，劳务报酬也一直由劳务公司发放。可以认定与彭某形成劳务关系的是劳务公司，彭某的损失应由劳务公司负责赔偿。现彭某主张要求物业公司承担连带责任没有法律依据，法院不予支持。

关于彭某主张的手镯等物品损失应否在本案中得到支持。雇员在从事雇佣活动中遭受人身损害，雇主应当承担赔偿责任。雇佣关系以外的第三人造成雇员人身损害的，赔偿权利人可以请求第三人承担赔偿责任，也可以请求雇主承担赔偿责任。雇主承担赔偿责任后，可以向第三人追偿。雇员受雇于单位，在雇佣活动中受到身体损害，雇主承担的是无过错在责任，规定的赔偿范围也限于人身损害。而对于物品损失，应按照侵权责任法的相关规定由侵权人根据过错原则进行赔偿，本案中无充分证据证明劳务公司对于彭某上述物品损失的产生存在过错，故彭某要求劳务公司承担赔偿责任没有法律依据。

北京市怀柔区人民法院依照《最高人民法院关于审理劳动争议案件适用法律若干问题的解释》第七条，《最高人民法院关于审理人身损害赔偿案件适用法律若干问题的解释》第十一条，《最高人民法院关于适用〈中华人民共和国民事诉讼法〉的解释》第九十条规定，判决：

一、劳务公司给付彭某医疗费973.51元、住院伙食补助费3350元、护理费13667元、营养费7500元、伤残赔偿金203970元，以上共计229460.51元；

二、驳回彭某其他诉讼请求。

【法官后语】

随着社会发展，人们的身体条件及医疗保障不断提高，人们的平均寿命不断增长，现行劳动者的退休年龄偏低，相当一部分劳动者在达到退休年龄后，存在继续为原单位或其他单位提供劳动的情况，这类人员在劳动过程中发生人身损害后，其权利如何予以保护成为司法实践中的一个常见问题。劳动者在提供劳动过程中受伤，如何维护其自身权利，需要根据劳动者与用人单位之间的基础法律关系进行考虑，不同的法律关系，对于维权的途径及结果存在重大影响。根据劳动者与其用人单位之间的关系，法律规定了两种不同的赔偿方式，即按照侵权责任法一般原则进行赔偿或按照劳动关系工伤认定相关规范进行工伤赔偿。根据《最高人民法院关于审理人身损害赔偿案件适用法律若干问题的解释》第三条规定，依法应当参加工伤保险统筹的用人单位的劳动者，因工伤事故遭受人身损害，劳动者或者其近亲属向人民法院起诉请求用人单位承担民事赔偿责任的，告知其按《工伤保险条例》的规定处理。因用人单位以外的第三人侵权造成劳动者人身损害，赔偿权利人请求第三人承担民事赔偿责任的，人民法院应予支持。

离退休人员不同于一般劳动者，与一般劳动者相比，离退休人员有相应的社会生活保障，劳动法律没有对已享有保障的离退休人员再提供额外的保障。从现行法律法规来看，离退休人员与用人单位建立的法律关系也应属于劳务合同关系。《中华人民共和国劳动合同法》第四十四条第二项规定，劳动者开始依法享受基本养老保险待遇的劳动合同终止。《中华人民共和国劳动合同法实施条例》第二十一条规定："劳动者达到法定退休年龄的，劳动合同终止。"这两条属于劳动合同终止的法定条件，当劳动者达到规定的法定退休年龄后，劳动合同终止，与用人单位间劳动法律关系终止。根据上述规定及其解释，应当认为劳动者达到法定退休年龄之后返聘或至其他单位工作继续提供劳务的，不应再适用劳动法律调整，双方建立的是劳务合同关系。

虽然《中华人民共和国劳动合同法》规定劳务派遣单位违反规定给被派遣劳动者造成损害的，劳务派遣单位与用工单位共同承担连带责任。但《劳务派遣暂行规定》及《中华人民共和国劳动合同法》中关于劳务派遣的规定均是以派遣单位和被派遣劳动者之间成立劳动关系为前提。本案中，彭某系退休人员，已享受养老保险待遇，其不是劳动法意义上的劳动者，与用人单位不构成劳动关系，不适用劳动法及工伤保险的相关规定进行调整。本案中对于彭某的损害的产生劳务公司不存在过错，系因意外事件造成，并不适用《中华人民共和国劳动合同法》关于劳务派遣的上述规定，而应根据侵权责任的一般原则进行赔偿。

编写人：北京市怀柔区人民法院　曹小澎

38

雇主应否承担已由保险公司赔付的赔偿责任

——茹某诉工程公司等提供劳务者受害责任案

【案件基本信息】

1. 裁判书字号

新疆维吾尔自治区昌吉回族自治州中级人民法院（2020）新23民终1119号民事判决书

2. 案由：提供劳务者受害责任纠纷

3. 当事人

原告（上诉人）：茹某

被告（被上诉人）：工程公司、李某、许某

【基本案情】

2017年8月28日开始茹某在由工程公司承包施工的工地做建筑工人，主要从事建筑材料运输和搅拌机工作。该工程由工程公司转包给项目经理李某，李某又将该工程劳务分包给许某，茹某受许某雇佣，工资由许某发放。2017年9月15日茹某在工地工作期间发生事故，造成左手手指被机器绞伤。茹某受伤后被送往医院进行治疗。

另，经司法鉴定所鉴定，茹某左侧开放性上肢损伤与2017年9月15日外伤存在完全因果关系。茹某伤残程度为八级伤残，误工期为365天，护理期为150天，营养期为90天，后续治疗费为20000元，安装假肢总费用为59400元。茹某于2018年3月26日向新疆维吾尔自治区奇台县人民法院提起诉讼，要求确认与工程公司存在事实劳动关系。法院经审理，于2018年4月28日作出（2018）新2325民初404号民事判决书，判决茹某与工程公司不存在劳动关系，该案现已经生效。2017年4月24日，工程公司在保险公司投保《建筑施工人员团体意外伤害保险》及《附加建筑施工人员团体意外伤害医疗保险》，投保工程为建设项目施工，其中施工人员包括茹某。茹某于2018年6月11日向新疆维吾尔自治区昌吉市人民法院提起诉讼，要求案外人保险公司支付保险赔偿款660000元。法院经审理，于2018年7月20日作出（2018）新2301民初3280号民事判决书，判决保险公司向茹某赔付医疗保险金47920元，该案现已生效。保险公司共向茹某赔付227920元，其中包括该案判决的医疗保险金47920元。

【案件焦点】

雇主应否承担已由保险公司赔付团体人身意外险赔偿金额的赔偿责任。

【法院裁判要旨】

新疆维吾尔自治区奇台县人民法院经审理认为：根据《最高人民法院关于审理人身损害赔偿案件适用法律若干问题的解释》第十一条规定，雇员在从事雇佣活动中遭受人身损害，雇主应当承担赔偿责任。雇员在从事雇佣活动中因安全生产事故遭受人身损害，发包人、分包人知道或者应当知道接受发包或者分包业务的雇主没有相应资质或者安全生产条件的，应当与雇主承担连带赔偿责任。本案中，许某作为雇主应当对茹某的损害承担赔偿责任。因许某个人没有劳务承包资质，故工程公司、李某应当与许某承担连带责任。

茹某在为许某提供劳务过程中受伤，故许某应当予以赔偿。工程公司、李某作为违法发包人应当与许某承担连带责任。工程公司为茹某在保险公司购买团体保险，茹某获得赔偿款 227920 元。为茹某投保意在发生事故后，可以减轻赔偿负担，故法院认为茹某获得的赔偿款 227920 元应在本案中予以扣除。应赔偿的数额为 380673 元，减去保险公司已经赔偿的数额 227920 元，许某应向茹某赔偿的各项损失数额为 152753 元，工程公司、李某对上述赔偿数额承担连带清偿责任。

新疆维吾尔自治区奇台县人民法院依据《中华人民共和国民事诉讼法》第一百四十四条，《最高人民法院关于审理人身损害赔偿案件适用法律若干问题的解释》第十一条、第十七条、第十八条、第二十一条、第二十三条、第二十四条、第二十五条规定，判决：

一、许某于判决生效后十日内赔偿茹某人身损害各项经济损失 152753 元；

二、李某、工程公司对上述款项承担连带赔偿责任；

三、驳回茹某的其他诉讼请求。

茹某不服一审判决，提起上诉。

新疆维吾尔自治区昌吉回族自治州中级人民法院经审理同意一审法院裁判意见，依照《中华人民共和国民事诉讼法》第一百四十四条、第一百七十条第一款第一项、第一百七十四条规定，判决：

驳回上诉，维持原判。

【法官后语】

雇主投保《建筑施工人员团体意外伤害保险》与《附加建筑施工人员团体意外伤害医疗保险》系其作为投保人给作为被保险人和收益人的雇员投保人身意外保险，目的是被保险人发生意外伤害后，保险公司按照保险合同的约定向受益权人支付保险金。据此，首先，雇员人身损害赔偿纠纷属于侵权纠纷，填补损害是赔偿的宗旨，也是对雇员权益的最大保护，无论从哪种渠道获取救济，目的都是尽可能弥补受害人的损失，所以雇主出资替雇员购买意外保险转移用工风险，对提高雇主赔偿能力具有积极意义，也是应当鼓励的良好的社会导向和价值取向，否则，雇主为雇员投保将会毫无意义。其次，抵扣具有正当性，既没有损害雇员的利益，又符合雇主订立保险合同的目的，是雇主真实意思表示。雇员取得保险利益缘于雇主为其投保，雇主的投保是因，雇员取得保险利益是果，在不影响雇员如数获得保险赔偿的基础上，雇主合法减轻负担、间接收益具有正当性，不应被否定。最后，立法并未禁止雇主作为间接受益人。立法的初衷是为了切实保护劳动者权益，防止雇主牟利，并杜绝道德风险，确保保险合同利益直接归雇员或者劳动者所有，而非有意禁止雇主从保险合同中收益。另，允许雇主成为间接受益人，不仅分担了雇主责任，提升了雇主抵御用工风险的能力，而且能促进雇员及时获得足额赔偿，进一步保障了雇员的利益，还能有利于保险业务的开展，具有多赢效果。如果不允许雇主成为间接受益人，虽然雇员表面上获得了更大的利益，但是雇主徒增支出而未收益，此后必然不再为雇员投保，而此后雇员如果遭受人身损害，雇主的赔偿能力显然不能与投保后相提并论，不是每一个雇主都具有完全赔偿能力，雇员的利益也缺乏保障。长此恶性循环不利于个体经济的良性发展，不利于社会稳定和发展。因此，雇主如未购买案涉险种，其依法应当承担全部赔偿责任。而雇主购买该险种的目的就是防范施工人员在从事危险工作时可能存在的巨大风险，施工过程中发生意外事故，可以减轻其赔偿责任。现保险公司也按照保险合同的约定向收益权人支付了保险金，故应将该笔赔偿费用从雇员人身损害各项经济损失中予以扣减。

编写人：新疆维吾尔自治区昌吉回族自治州中级人民法院　彭涛

39

基于同一事实的侵权法律关系和保险合同法律关系可并案处理

——王某一诉保险公司等提供劳务者受害责任案

【案件基本信息】

1. 裁判书字号

山东省济宁市中级人民法院（2021）鲁 08 民终 2669 号民事判决书

2. 案由：提供劳务者受害责任纠纷

3. 当事人

原告（被上诉人）：王某一

被告（上诉人）：保险公司

被告（被上诉人）：王某二、闫某某、物业公司

【基本案情】

王某一受雇于物业公司从事环卫工作。2018 年 1 月 16 日，王某一在工作时无明显诱因突然头懵后摔倒受伤。同日，到医院住院治疗，住院 1 天，被诊断为创伤性蛛网膜下腔出血、枕骨骨折、头皮挫伤、消化道出血、脑萎缩、脑梗死，花费医疗费 4241.53 元，其中个人负担 1533.9 元。同年 1 月 17 日，到医院治疗，住院 19 天，被诊断为急性颅脑损伤：多发脑挫裂伤（右额叶、左颞叶及左小脑半球）、左额颞部硬膜下血肿、蛛网膜下腔出血、颅骨骨折、右侧基底节区脑梗死，花费医疗费 31303.17 元，其中个人负担 17552.17 元。同年 3 月 14 日，到医院治疗，该医院以“急性脑血管病”收入院。住院 13 天，被诊断：脑梗死、左枕顶骨折恢复期、蛛网膜下腔出血恢复期，花费医疗费

7699.35 元，其中个人负担 1919.92 元。2020 年 10 月 22 日，王某一自行委托司法鉴定所对其伤残程度、护理期、营养期进行鉴定。同年 10 月 26 日，司法鉴定所出具法医临床司法鉴定意见为：1. 王某一颅脑损伤后软化灶形成构成十级伤残；2. 护理期 60 日、营养期 60 日。支付鉴定费 2080 元。

另查明，2017 年 12 月 1 日，物业公司为包括王某一在内的员工在保险公司投保雇主责任保险，保险期间为 2017 年 12 月 3 日至 2018 年 12 月 2 日。每人伤残赔偿限额 550000 元；每人停工留薪补偿金赔偿限额 100 元/天；每人医疗费赔偿限额 50000 元等。该保险单备注：本保单医疗费用免赔 100 元后 100%赔付等。

【案件焦点】

1. 物业公司应否承担赔偿责任；2. 关于王某一的损失如何认定；3. 保险公司应否承担保险责任及数额。

【法院裁判要旨】

山东省嘉祥县人民法院经审理认为：王某一在为物业公司提供劳务中因无明显诱因突然头懵后摔倒受伤，王某一和物业公司均未提供证据证明对方存有过错，根据本案的实际情况，法院酌定物业公司应承担 60%的赔偿责任。对于王某一的损失，法院核定，医疗费 19086.07 元；误工费 2640 元；护理费 4800 元；营养费 1800 元；交通费 500 元；伤残赔偿金 67726.4 元；鉴定费 2080 元；精神损害抚慰金 1000 元，计 99632.47 元。按照责任比例，物业公司应赔偿 59779.48 元。物业公司为包括王某一在内的员工在保险公司投保雇主责任险，为减轻当事人诉累，由保险公司在保险范围内直接向王某一支付赔偿款。因此，保险公司应在伤残赔偿限额内支付赔偿款为 40635.84 元；在停工留薪补偿金赔偿限额内支付赔偿款 1584 元；在医疗费赔偿限额内扣除免赔 100 元外支付赔偿款 11351.64 元，计 53571.48 元。扣除理赔款，剩余 6208 元，由物业公司赔偿。保险公司抗辩，伤残赔偿金应当按照对应的系数 3%承担，因其提供的证据不充分，该抗辩法院不予采信。王某一放弃要求王某二、闫某某赔偿的诉讼请求，系其民事权利的处分，不违反法律规定，法院予以准许。

综上所述，山东省嘉祥县人民法院依照《中华人民共和国侵权责任法》第十六条、第二十四条，《中华人民共和国保险法》第六十五条，《最高人民法院关于审理人身损害赔偿案件适用法律若干问题的解释》第十七条、第十八条、第十九条、第二十条、第二十一条、第二十二条、第二十四条、第二十五条，《最高人民法院关于适用〈中华人民共和国民事诉讼法〉的解释》第九十条，《最高人民法院关于适用〈中华人民共和国民法典〉时间效力的若干规定》第一条第二款规定，判决：

一、保险公司于本判决生效日起十五日内赔偿王某一医疗费、误工费、伤残赔偿金损失共计53571.48元；

二、物业公司于本判决生效之日起赔偿王某一医疗费、护理费、营养费、交通费、鉴定费、精神损害抚慰金共计6208元；

三、驳回王某一其他诉讼请求。

保险公司不服一审判决，提起上诉。

山东省济宁市中级人民法院经审理同意一审法院裁判意见，依照《中华人民共和国民事诉讼法》第一百七十条第一款第一项规定，判决：

驳回上诉，维持原判。

【法官后语】

接受劳务的一方在接受劳务时，往往在保险公司投保雇主责任保险，以减轻自己对提供劳务者一方承担的赔偿责任。提供劳务一方在提供劳务时自身受到损害，因接受劳务一方未及时赔偿提供劳务者一方所造成的损失，在提起诉讼时为保证自己的权益及时受到保护或赔偿，一般将劳务者和保险公司同时起诉。

在审判实践中，对于提供劳务者同时起诉接受劳务者和保险公司存在两种不同的处理观点。第一种观点是不能合并处理。提供劳务者同时起诉接受劳务者和保险公司，因提供劳务一方与接受劳务一方之间系提供劳务者受害责任纠纷，属实侵权法律关系，而接受劳务一方与保险公司之间系保险合同关系，属于合同法律关系，是不同的法律关系，处理不同法律关系所依据的法律不同，因此不能合并处理。第二种观点是可以合并处理。提供劳务一方与接受劳务一方之间系提供劳务者受害责任纠纷，属于侵权法律关系，而接受劳务一方与保险公司之间系保险合同关系，属于合同法律关系。但两个不同法律关系，因纠纷所依据的事实基于同一事实，虽然提供劳务一方不是保险合同当事人，合同当事人是投保人与保险人，而接受劳务一方作为投保人，负有缴纳保费的义务，但其投保的目的是减轻自己对提供劳务一方承担的赔偿责任，通过认可投保雇主责任险的方式予以实现。且从弘扬社会主义核心价值观角度评判，可谓“双赢”，不仅减轻了接受劳务一方的雇主赔偿责任，还保障了提供劳务一方的利益。

笔者同意第二种观点。一是案涉不同的法律关系，所依据的侵权事实和保险事实基于同一事实，合并处理不仅节约诉讼成本，减轻当事人诉累，而且保险公司在提供劳务者受害责任案更能充分地了解提供劳务一方在提供劳务时受伤的事实经过、过错大小及造成损失的数额等情况；二是接受劳务一方在保险公司投保雇主责任保险的目的是减少自己本该对提供劳务者一方承担的赔偿数额，并通过保险的保障功能及时赔偿提供劳务者一方所造成的损失，有利于化解当事人之间的矛盾，做到案结事了。也符合弘扬社会主义核心价值观的精神。

编写人：山东省嘉祥县人民法院　李继刚

六、义务帮工的认定与责任承担

40

义务帮工关系的认定

——王某诉粮食集团义务帮工人受害责任案

【案件基本信息】

1. 裁判书字号

辽宁省营口市中级人民法院（2020）辽08民终321号民事判决书

2. 案由：义务帮工人受害责任纠纷

3. 当事人

原告（上诉人）：王某

被告（被上诉人）：粮食集团

【基本案情】

2015年9月1日，王某经营的货站（乙方）与粮食集团（甲方）签订了《仓储业务合同》，合同约定仓储费按季度交付，每季度7500元，仓储存放期限自2015年9月1日至2016年8月31日，合同第十二条约定："乙方在使用仓库场地的过程中，如非因乙方过错，房地产或其附属设施出现发生妨碍安全正常使用的损坏故障时，乙方应及时通知甲方并采取可能之有效措施防止损失的进一步扩大；甲方应当在接到乙方通知后及时进行维修或径直委托乙方代表维修；乙方无法通知甲方或甲方接到通知后不履行维修义务的，经有效确认后乙方可代为维修。发生特别紧急情况必须立即进行维修的，乙方应先行代为维修并及时将有关情况通知甲方。上述两款规定情形下发生的维修费用（包括乙方代为维修及因防止损失扩大而支出的合理费用）由甲方承担。乙方未尽上述两款规定义务，未能及时通知或采取可能之有效措施，导致损失扩大的，该（扩大）部分维修费用由乙方自行承担。”2016 年 1 月 16 日，仓库场地出现线路故障，王某雇用的孟某在维修线路时从梯子上滑落受伤。为此，孟某向辽宁省营口市站前区人民法院起诉王某赔偿损失，法院经审理，依法作出（2017）辽 0802 民初 1537 号民事判决书，其中事实认定部分写明孟某是经本案王某指派帮助维修电线，法院认为部分写明孟某与本案王某已形成雇佣关系，雇员在从事雇佣活动中受到伤害，应由雇主承担责任，该判决书已发生法律效力。

【案件焦点】

在从事雇佣活动中受雇主指派对外从事帮助的行为是否能认定为帮工。

【法院裁判要旨】

辽宁省营口市站前区人民法院经审理认为：本案争议的焦点为孟某是帮助王某维修电线还是帮助粮食集团维修电线。因生效的（2017）辽 0802 民初 1537 号民事判决书已经认定孟某系受王某指派帮助维修电线，且认定孟某帮助维修电线的行为是从事雇佣活动，进而确认了王某的雇主责任，故据此应认定孟某是在帮助王某维修电线。根据货站（乙方）与粮食集团（甲方）签订的《仓储业务合同》约定可知，乙方代为维修时，甲方针对乙方代为维修一事应承担的责任仅限于维修费用，王某主张的损失并不是维修费，故王某的诉请缺乏依据，法院不予支持。

综上，辽宁省营口市站前区人民法院依照《中华人民共和国民事诉讼法》第六十四条规定，判决：

驳回王某的诉讼请求。

王某不服一审判决，提起上诉。

辽宁省营口市中级人民法院经审理认为：本案的争议焦点是孟某是受王某指派维修电线还是帮助粮食集团维修电线。（2017）辽 0802 民初 1537 号民事判决书已经生效，其中对孟某的受伤事实认定为：“经王某指派，孟某帮助粮库维修电线时，不慎从梯子上滑落，导致王某受伤。”从该案的判决结果可以看出，该案认定的是孟某与王某之间的法律关系。而本案需要解决的是王某与粮食集团之间的法律关系。王某主张孟某与粮食集团之间是帮工的法律关系，其作为雇主在向孟某赔偿完毕之后，向被帮工人履行追偿的权利。对此，法院认为，认定帮工活动一般应以不收取报酬、无偿提供劳务为前提，被帮工人是受益人，帮工活动的结果是被帮工人获得利益。结合本案，依据王某与粮食集团之间签订的《仓储业务合同》可知，系王某租赁粮食集团的仓库从事经营活动，同时，依据该合同第十二条可知，粮食集团承担仓库的维修责任。二审期间，根据案情的需要，法院依法传唤刘某作为证人出庭，接受法庭询问和双方当事人质证。刘某陈述，“因为公司人少，供电的工作由我负责”“王某说晚上没有电，拉个临时电，因为从变电所拉电远就没有拉成，王某让员工从隔壁库房拉电”“拉电源必须开库房，我就给开库房提供电源”。结合证人刘某的证言，刘某虽然陈述了没有要求王某派人帮助维修电线，但是其陈述自己负责案涉仓库园区内的供电工作，事发当天按王某的要求接临时电，将王某仓库隔壁的库房打开，给王某提供电源、让王某接临时电。虽然刘某、粮食集团没有及时将电线问题维修完毕，但对于仓库接临时电、维修电线等内容，粮食集团是受益人，王某的雇员孟某在工作中受王某指派帮助维修电线，其帮助维修电线的目的和结果最终使粮食集团获得利益。综上，可以认定孟某是在王某的指派下，在向粮食集团从事帮工的过程中受到了伤害，孟某和王某应视为一个统一的整体对外从事帮工，故本案案由应为义务帮工人受害责任纠纷，一审法院立案案由错误，应予纠正。《最高人民法院关于审理人身损害赔偿案件适用法律若干问题的解释》第十四条第一款规定：“帮工人因帮工活动遭受人身损害的，被帮工人应当承担赔偿责任。被帮工人明确拒绝帮工的，不承担赔偿责任；但可以在受益范围内予以适当补偿。”本案中，依据刘某的证人证言，在孟某从事帮工活动中，刘某并未明确阻止王某、孟某接临时电，故粮食集团作为被帮工人，理应承担相应的责任。同时，鉴于王某指派没有供电维修资质的孟某帮助粮食集团接临时电，亦应承担部分责任。依据本案实际情况，法院酌定王某应自负30%的责任、粮食集团应承担70%的责任为宜。另案中，孟某的损失为69274元，故粮食集团应承担48491.8元。同时，鉴于孟某的相关损失已由王某在另案中给付完毕，故粮食集团应向王某给付其所应当承担的赔偿份额。关于王某主张粮食集团应赔偿其营业损失5324.54元的诉请，因王某所提供的证据仅为一份手写的误工损失，误工损失内所记载的人员并未作为证人出庭作证，法院无法核实该证据是否真实，故对于王某的该项上诉请求，法院不予支持。

综上所述，对王某的上诉请求，部分予以支持。辽宁省营口市中级人民法院依照《中华人民共和国民事诉讼法》第一百七十条第一款第一项规定，判决：

一、撤销辽宁省营口市站前区人民法院民事判决；

二、粮食集团于本判决生效之日起十日内一次性给付王某人民币48491.8元；

三、驳回王某其他诉讼请求。

【法官后语】

一、雇佣关系和帮工关系的基本特征

（一）雇佣关系的基本特征

雇佣关系是指雇员向雇主提供劳务，且雇员根据雇主的要求提供相应的劳务，雇主向雇员支付报酬，不管雇主的最终目的是否实现，都要向雇员支付相应的报酬。

雇佣合同是双务有偿合同。双方当事人均享有各自的权利，亦应履行相应的义务。雇主享有接受雇员提供劳务的权利，同时也需要履行提供报酬的义务；雇员享有请求雇主及时足额支付劳动报酬的权利，同时也需要根据雇主的要求按时按量完成劳务。

雇佣合同是诺成合同、不要式合同。雇佣合同只需要雇主和雇员双方经过自愿平等协商达成一致，就可以成立生效。同时，雇佣合同也是不要式合同，没有特定的格式要求，既可以是书面方式也可以是口头方式。

雇佣合同具有特定的人身性。劳务的提供需要与雇员的人身高度依附，雇员必须在约定期间内根据雇主要求提供劳务，包括时间、地点，雇员自身没有自由选择期间的权利。

（二）帮工关系的基本特征

帮工，也称义务帮工，是指为了帮助被帮工人生产和生活的需要，不以追求报酬为目的，为被帮工人无偿提供劳务的行为。帮工人向被帮工人提供劳务的主观目的并非追求经济价值，而是出于道义感情等方面的因素。

帮工合同是无偿的，具有明确的无偿性特征，帮工人从事办公活动后，不向被帮工人索要相应的报酬。

帮工合同是单务合同。帮工关系中，仅要求帮工人一方负担义务，不需要被帮工人向帮工提供某种给付作为相应的对价。

帮工合同具有互助性、临时性、一次性提供等特点。

二、如何准确界定义务帮工人

认定帮工活动一般应以不取报酬、无偿提供劳务为前提，即帮工人的出发点是基于帮助行为。被帮工人成为受益人，帮工活动的结果是被帮工人获得相应的利益。

本案中，虽然粮食集团一直否认孟某与其形成帮工关系，但依据王某与粮食集团之间签订的《仓储业务合同》，粮食集团承担仓库的维修责任，现因电路问题，王某无法正常经营，粮食集团理应承担对电路的维修责任。虽然粮食集团负责供电维修工作的刘某没有要求王某派人帮助其维修电线，但王某的雇员孟某在工作中受王某指派帮助刘某维修电线，其帮助维修电线的目的和结果最终使粮食集团获得利益，也就是说，粮食集团公司是最终的受益人，此时应当将王某、孟某视为一个统一的整体，对粮食集团从事义务帮工，故对于孟某的受伤，粮食集团作为被帮工人，应承担相应的责任。

三、对帮工人的责任认定

帮助人原则上不承担责任。为鼓励善良风气，不应对无偿帮工人苛以严格的责任。不论帮工人基于什么出发点从事帮助之行为，因其未从中获取报酬，应当对其行为瑕疵留有一定宽容程度。

帮助人致人损害应以被帮助人承担责任为原则。根据权利义务相对等的原则，被帮助人从帮助行为中获益，应当承担相应义务。被帮助人承担的是一种无过错的风险责任，在义务帮工人身损害赔偿法律关系中，不考虑被帮助人有无过错，只要帮助人从事帮助活动致人损害或受到损害，被帮助人就应当承担赔偿或补偿责任。

本案中，鉴于孟某没有从事供电维修的资质，王某仍指派孟某去帮助粮食集团维修电线，帮工行为存在较高的风险，应自行承担相应的责任。

编写人：辽宁省营口市中级人民法院　张文生

41

义务帮工人受害责任纠纷在个案中的认定

——李某栋诉杨某国等义务帮工人受害责任案

【案件基本信息】

1. 裁判书字号

云南省祥云县人民法院（2019）云2923民初1063号民事判决书

2. 案由：义务帮工人受害责任纠纷

3. 当事人

原告：李某栋

被告：杨某国、杨某华、杨某宏

第三人：李某武

【基本案情】

李某栋、杨某国、杨某华、杨某宏、李某武均系同村村民。杨某华从事生猪屠宰工作，杨某宏系杨某华的二哥，2018 年 12 月 18 日，杨某华雇请杨某宏帮忙杀猪，并支付杨某宏工资 200 元/天。当天，杨某华为李某武杀了两头猪并分解猪肉，双方约定杀猪费为 150 元/头，合计费用 300 元。在杀完李某武户的两头猪后，杨某华接着为杨某国户杀一头猪，双方约定杀猪费为 200 元。李某武户的猪杀好后，李某武请李某栋帮忙挑（肩挑）分解好的猪肉，李某栋在挑第二头猪的猪肉时，恰好杨某华正在杀杨某国户的猪。由于人手不够，杨某华让杨某宏请李某栋、李某武等帮忙一起拉猪。李某栋在帮忙拉猪的过程中，左脚滑入开水锅中，导致左脚烫伤。李某栋受伤后被送往当地卫生院治疗，因伤情严重，卫生院工作人员建议转院，后被送往医院救治。经医院诊断，李某栋的伤情为：左足Ⅱ度烫伤，面积约 3%，住院治疗 17 天后出院，医嘱：1. 注意休息，避免体力劳动；2. 清淡饮食；3. 门诊随诊换药，不适随诊。住院期间，李某栋支出担架轮椅服务费 15 元。此外，李某栋还在医院、卫生室进行门诊治疗，李某栋为治疗共支出门诊及住院费用 7821.81 元。李某武为李某栋垫付医疗费 3000 元，还为李某栋购买拐杖、坐便器支出费用 195 元。治疗过程中，李某栋报销了城乡居民基本医疗保险费用 2996.78 元。2019 年 4 月 23 日，经司法鉴定中心鉴定，李某栋此次损伤未达伤残，后续治疗费需 3000 元至 3200 元，护理期为 17 日，营养期为 25 日。李某栋为此支出鉴定费 2600 元。李某栋为治疗支出了部分交通费。

【案件焦点】

1. 李某栋与杨某国、杨某华、杨某宏是否形成义务帮工关系；2. 李某栋对自己的损失是否有过错；3. 李某栋与李某武是否形成义务帮工关系；4. 本案的赔偿项目及赔偿标准。

【法院裁判要旨】

云南省祥云县人民法院经审理认为：《最高人民法院关于审理人身损害赔

偿案件适用法律若干问题的解释》第十四条规定，帮工人因帮工活动遭受人身损害的，被帮工人应当承担赔偿责任。李某栋帮杨某华拉猪，双方形成义务帮工关系，李某栋在义务帮工过程中受伤，杨某华作为被帮工人应当承担赔偿责任。李某栋在义务帮工过程中，安全意识不够，未尽到合理的注意义务，存在一定的过错，亦应自行承担相应的责任，根据本案事实，法院确定李某栋的损失由杨某华承担80%的赔偿责任，由李某栋自行承担20%的责任。杨某华、杨某宏关于李某栋系自己失误造成烫伤，应负主要责任的答辩意见与本案事实和法律规定不符，法院不予采纳。

杨某华为杨某国杀一头猪，双方约定杀猪费为200元，杨某国支付杨某华杀猪费200元，杨某华负责杀猪、分解猪肉，二人之间形成承揽关系，杨某华系承揽人，杨某国系定作人，杨某华在完成工作过程中对李某栋造成损害的，应由杨某华承担赔偿责任，定作人即杨某国，对定作、指示或者选任无过失，不应承担赔偿责任。同时，杨某宏系杨某华雇请帮忙杀猪的工人，杨某宏受杨某华的指示请李某栋帮忙拉猪，李某栋在拉猪过程中受伤，由此导致的法律后果应由杨某华承担。故李某栋主张由杨某国、杨某宏承担赔偿责任的诉讼请求无事实和法律依据，法院不予支持。

李某栋虽最初受雇于李某武，为李某武挑猪肉，但自杨某华让杨某宏请李某栋帮忙拉猪时起，法律关系即已由李某栋与李某武之间的劳务关系转变为李某栋与杨某华之间的义务帮工关系，李某栋在义务帮工过程中受伤，应由被帮工人杨某华承担赔偿责任，李某武无须承担赔偿责任。故杨某华、杨某宏关于李某栋系李某武雇请的工人，李某武应承担赔偿责任的答辩意见与本案事实和法律规定不符，法院不予采纳。

关于李某栋主张的误工费应否支持的问题。李某栋在受伤时年满62周岁，且李某栋并无其他证据证明其仍有收入来源，故对李某栋主张的误工费，法院不予支持。

关于李某栋主张的精神损害抚慰金应否支持的问题。精神损害赔偿以自然人人身权益受到不法侵害为前提，并以产生严重精神损害为基本条件，本案中，李某栋并未构成伤残且其损伤并非因不法侵害行为导致，故李某栋主张的精神损害抚慰金，法院不予支持。

根据在案证据及法院认定的事实，法院确认李某栋的损失如下：1. 医疗费7821.81元；2. 担架轮椅服务费15元；3. 拐杖、坐便器费195元；4. 护理费2724.42元；5. 营养费500元；6. 住院伙食补助费850元；7. 后续治疗费3100元；8. 鉴定费2600元；9. 交通费300元（根据李某栋医治实际情况确定），上述九项合计18106.23元，该损失由杨某华承担80%，即14484.98元；李某栋自行承担20%，即3621.25元。

云南省祥云县人民法院依照《中华人民共和国民法通则》第一百零六条第三款、第一百一十九条、第一百三十一条，《最高人民法院关于审理人身损害赔偿案件适用法律若干问题的解释》第二条、第九条、第十条、第十四条、第十七条、第十九条、第二十一条、第二十二条、第二十三条、第二十四条，《中华人民共和国民事诉讼法》第六十四条规定，判决：

一、杨某华于本判决生效之日起十五日内赔偿李某栋医疗费、护理费、住院伙食补助费、后续治疗费、鉴定费、交通费等费用合计人民币14484.98元；

二、驳回李某栋的其他诉讼请求。

【法官后语】

一、分析案件中的法律关系，明确责任主体

提供劳务者受害责任，是指提供劳务一方在劳务过程中受到损害，接受劳务一方对提供劳务一方的损害承担赔偿责任。在提供劳务者受害责任纠纷中，雇主是指接受劳务的一方，包含单位或者个人；雇员是指提供劳务的一方。

（一）承揽关系的分析

承揽关系是基于承揽人按照定作人的指示，以完成一定的工作成果作为合同标的用来交付的法律关系。

本案中，杨某华与杨某国之间形成承揽关系，杨某华系承揽人，杨某国系定作人，杨某华在完成工作过程中对李某栋造成损害的，应由杨某华承担赔偿责任，定作人即杨某国，对定作、指示或者选任无过失，不应承担赔偿责任。

杨某国紧对于定作、指示或者选任有过失时才承担责任，适用的是一般过错归责原则。本案中，杨某国没有过失，则其不承担责任。

（二）提供劳务者受害责任的分析

本案中，李某栋帮杨某华拉猪，双方形成义务帮工关系，李某栋在义务帮工过程中受伤。根据法律的规定，杨某华作为被帮工人应当承担赔偿责任。

李某栋在义务帮工过程中，安全意识不够，未尽到合理的注意义务，存在一定的过错，亦应自行承担相应的责任。

二、劳务关系和承揽关系的区分

劳务关系中，接受劳务一方对提供劳务一方的工作时间、工作内容、工资均有规定；而承揽关系中，定作人最主要关注的是工作成果，对于承揽人的工资时间等在所不问。

劳务关系中，提供劳务者对于接受劳务一方具有人身依赖性，主要是按照接受劳务一方的指示工作，自主决策性小。本案中，杨某华让杨某宏请李某栋、李某武等帮忙一起拉猪，李某栋按照杨某华的指示，完成工作，但是在工作的过程中受伤。李某栋与杨某华形成义务帮工关系。

承揽关系中的承揽人是独立完成自己的工作量，具有一定程度的自主性。本案中，杨某华为杨某国杀一头猪，杨某华负责将猪杀死并分解猪肉，二人之间形成承揽关系，杨某华系承揽人，杨某国系定作人。定作人杨某国最关注的主要承揽人杨某华的工作成果。

编写人：云南省大理白族自治州祥云县人民法院　杨昆良　曹琴

42

帮工人在帮工过程中因其自身疾病致害后被帮工人的责任认定

——周某诉王某、陈某义务帮工人受害责任案

【案件基本信息】

1. 裁判书字号

山东省淄博市中级人民法院（2020）鲁 03 民终 2212 号民事判决书

2. 案由：义务帮工人受害责任纠纷

3. 当事人

原告（上诉人）：周某

被告（被上诉人）：王某、陈某

【基本案情】

2018 年 4 月 20 日下午，王某、陈某家的母猪生猪仔，其见母猪难产，打电话找周某帮忙。周某到达王某、陈某的养殖场后，帮忙拉拽猪仔，拉到第三下时，周某感到头晕。陈某发现周某异常后，找来村医，并拨打 120 急救电话。后周某在医院住院治疗 18 天，花费医疗费 5.7 万余元，自费 32186.58 元。周某的住院病案显示周某有高血压病史多年，入院诊断为：1. 右侧丘脑出血病破入脑室；2. 高血压病。周某起诉要求赔偿各项经济损失共计 262723.84 元。

案件审理过程中，周某就因果关系、伤残等级等申请司法鉴定。经鉴定：周某本次罹患右侧丘脑出血并破入脑室，后遗左侧偏瘫，构成二级伤残；误工期限为自发病之日起至伤残评定前一日；护理期为自发病之日起至伤残评定前一日。

【案件焦点】

帮工人在帮工过程中因其自身疾病致害后，被帮工人应否承担赔偿责任。

【法院裁判要旨】

山东省高青县人民法院经审理认为：双方对周某在为王某、陈某接生猪仔过程中突发脑出血无争议。周某主张因拉拽猪仔用力过猛才导致其脑出血，王某、陈某认为周某有高血压病史，纯系自身原有疾病引发，与接生猪仔无关。因周某没有任何证据证实其突发脑出血系帮工活动引起的，而周某的病历材料显示其有高血压病史多年，故不排除系自身原有疾病导致，故周某主张其犯病系帮工活动引起，不予确认。《最高人民法院关于审理人身损害赔偿案件适用法律若干问题的解释》第十四条规定："帮工人因帮工活动遭受人身损害的，被帮工人应当承担赔偿责任……"因周某犯病无法认定系帮工活动引起，不属于"因帮工活动遭受人身损害"，故王某、陈某无须承担赔偿责任。因此，周某要求王某、陈某承担人身损害赔偿责任的诉讼请求，不予支持。王某、陈某作为被帮工人，对周某为其接生猪仔这一帮工活动来说，并无特别的安全注意义务。但是，周某在帮工过程中犯病以后，王某、陈某作为被帮工人，则需要履行附随义务——救治义务。周某突发疾病后，陈某立即联系村医并拨打120急救电话，已经履行了及时救治义务。因此，王某、陈某在接受帮工过程中和周某犯病后的处理上均无过错，无须承担过错民事责任。周某义务为王某、陈某帮工，体现了公民之间助人为乐和相互协作的精神，是文明社会积极倡导和大力支持的，应给予法律上的鼓励和支持。考虑到王某、陈某主动寻求周某帮忙，王某、陈某属于帮工行为的受益一方，故依据《中华人民共和国侵权责任法》第二十四条的规定，周某的损失应由王某、陈某适当分担。综合考虑周某遭受的实际损失情况，以及王某、陈某因帮工行为可能获得的收益，酌情认定王某、陈某分担周某的损失15000元。

山东省高青县人民法院依照《中华人民共和国侵权责任法》第二十四条，《中华人民共和国民事诉讼法》第六十四条规定，判决：

一、王某、陈某分担周某的损失15000元，于本判决生效后十日内付清；

二、驳回周某的其他诉讼请求。

周某不服一审判决，提起上诉。

山东省淄博市中级人民法院经审理认为：《最高人民法院关于审理人身损害赔偿案件适用法律若干问题的解释》第十四条规定，帮工人因帮工活动遭受人身损害的，被帮工人应当承担赔偿责任。本案中，陈某电话通知周某到其家中帮忙接生小猪，陈某一审陈述“周某帮我家接生小猪，小猪怎么也生不出来，我和周某说别弄了，周某还是想接生出来，说让我去找绳子”，说明周某到达现场后已经开始从事帮工活动，其在用力拖拽小猪不能顺利生产的情况下选择用绳子拉出，在这一过程中周某突发脑出血疾病。由于周某存在高血压病史，其突发脑出血应当是高血压病症所致，不属于上述司法解释规定的因帮工活动遭受的损害，因此王某、陈某不应当对此承担赔偿责任。但考虑到王某、陈某作为请求帮工人和受益人，根据公平原则，应当给予周某适当补偿。周某脑出血导致偏瘫，构成二级伤残，根据周某目前和以后的身体和精神状况，一审判决王某、陈某分担损失15000元明显偏低，酌情确定王某、陈某补偿周某5万元。

综上所述，山东省淄博市中级人民法院依照《中华人民共和国侵权责任法》第二十四条，《中华人民共和国民事诉讼法》第一百七十条第一款第二项规定，判决：

一、撤销山东省高青县人民法院民事判决第二项；

二、变更山东省高青县人民法院民事判决第一项为：王某、陈某分担周某的损失5万元，于本判决生效后十日内付清；

三、驳回周某的其他诉讼请求。

【法官后语】

本案涉及的主要问题在于，帮工人在帮工过程中因其自身疾病致害后，被帮工人的责任应如何正确认定。

在日常生活中，常常会因有事而找人帮忙，这种善意的义务帮工，尤其在农村地区非常普遍，如邻里之间相互帮忙收割麦谷、修缮房屋、本案中的帮忙接生猪仔等。从公众一般认知来讲，这种帮忙是为他人无偿提供劳务的行为，是不计报酬、自愿付出的，是邻里团结的一种体现。在法律上则属于义务帮工的范畴，其中提供帮助的一方为帮工人，接受帮助的一方为被帮工人。《最高人民法院关于审理人身损害赔偿案件适用法律若干问题的解释》第五条规定："无偿提供劳务的帮工人因帮工活动遭受人身损害的，根据帮工人和被帮工人各自的过错承担相应的责任；被帮工人明确拒绝帮工的，被帮工人不承担赔偿责任，但可以在受益范围内予以适当补偿。帮工人在帮工活动中因第三人的行为遭受人身损害的，有权请求第三人承担赔偿责任，也有权请求被帮工人予以适当补偿。被帮工人补偿后，可以向第三人追偿。"

从司法实务来看，帮工人因帮工遭受人身损害，主要存在以下两种情形：情形一是因第三人的行为导致人身损害，情形二是因自身健康状况导致人身损害。关于情形一，《最高人民法院关于审理人身损害赔偿案件适用法律若干问题的解释》第五条第二款有着明确规定，帮工人有权请求第三人承担赔偿责任，也有权请求被帮工人予以适当补偿。关于情形二，在实践中争议较大。对此，第一种观点认为，帮工人系自身健康状况突发的疾病，人身损害赔偿的对象系人的生命、健康等受到的不法侵害，造成伤残、死亡等情形，根据损失填平原则，侵权人以财产赔偿等方式进行救济，故该种情况并不属于法律规定的人身损害赔偿对象，被帮工人不应当承担赔偿责任；第二种观点则认为，帮工人虽系因自身健康状况突发的疾病，被帮工人在帮工过程中亦不存在过错，根据《最高人民法院关于审理人身损害赔偿案件适用法律若干问题的解释》第五条的规定，"可以在受益范围内予以适当补偿"。审判实践中亦倾向于第二种观点。对此《最高人民法院关于审理人身损害赔偿案件适用法律若干问题的解释》第五条第一款未明确规定帮工人受损害的原因，故因帮工人自身健康状况导致的人身损害应当属于该条规定的情形，被帮工人的损害责任应当由帮工人与被帮工人根据各自的过错承担。在帮工人无法证明帮工行为与其受伤之间存在因果关系时，应当承担举证不能的法律后果，对于帮工人的损害，被帮工人既无主观的故意，亦无过失，也无民事侵权责任中的过错，其承担全部的损失赔偿责任明显于法无据。法律虽然规定帮工人明确拒绝帮工的，被帮工人不承担赔偿责任，但可以在受益范围内予以适当补偿。现实生活当中，助人为乐系中华民族的优良传统，也是社会所倡导的正能量、好风尚，帮工人的帮工行为实际为被帮工人创造了现实收益，作为受益人，根据公平责任原则，无过错责任产生的纠纷，被帮工人可以基于受益事实的存在，承担一定的补偿责任，将民事责任公平地由无过错的双方当事人“分担”，这样的处理方式既解决了公平责任原则与无过错责任原则在侵权行为体系中存在的空白，又为更多的人选择帮助他人、乐于帮助他人形成一个正确的价值观导向，具有最佳的价值导向作用。

当然，被帮工人在接受帮工的过程中，需要对帮工人承担一般的安全注意义务。若被帮工人不尽到该义务，则需要依据过错原则承担一定的民事赔偿责任。本案中，周某在接生猪仔的过程中突发脑出血，王某、陈某作为被帮工人，对周某为其接生猪仔这一帮工活动来说，并无特别的安全注意义务。周某在帮工过程突发疾病后，王某、陈某作为被帮工人，立即联系村医并拨打120急救电话，积极履行了附随的救治义务。因此，王某、陈某在接受帮工过程中和周某突发疾病后积极予以救治上均无过错，周某的病历材料显示其有高血压病史多年，故不能排除案涉事故的发生系其自身原有疾病导致，无法证实因果关系的存在，综上所述，王某、陈某无须承担过错民事侵权责任。周某义务为王某、陈某帮工，体现了公民之间助人为乐和相互协作的精神，是文明社会积极倡导和大力支持的，应给予法律上的鼓励和支持。故一、二审法院均基于上述考量，且王某、陈某主动寻求周某帮忙，王某、陈某属于帮工行为的受益一方，均认定适当分担周某因本次事故造成的损失，如此认定于法于情于理均应予认可。只是二审法院根据周某伤残情况对分担数额进行了适当调整。

编写人：山东省淄博市中级人民法院　荣明潇　胡晓梅　朱倩茹

43

义务帮工人在帮工过程中受损害应得到赔偿

——蒙某胜诉装饰公司等义务帮工人受害责任案

【案件基本信息】

1. 裁判书字号

广西壮族自治区贵港市中级人民法院（2020）桂 08 民终 2758 号民事判决书

2. 案由：义务帮工人受害责任纠纷

3. 当事人

原告（被上诉人）：蒙某胜

被告（上诉人）：装饰公司

被告：甲玻璃公司经营部、乙玻璃公司、丙玻璃公司

【基本案情】

乙玻璃公司是经工商登记批准经营生产、加工、批发、零售玻璃的有限责任公司；丙玻璃公司是经工商登记批准经营建筑玻璃、玻璃制品及配件销售的有限责任公司；甲玻璃公司经营部是经工商登记批准经营玻璃加工的有限责任公司分公司；装饰公司是经工商登记批准经营室内装修工程、室内装修设计服务的有限责任公司。涉案玻璃系乙玻璃公司销售给丙玻璃公司，丙玻璃公司销售给甲玻璃公司经营部，甲玻璃公司经营部销售给装饰公司的。蒙某胜是从事交通货物运输的承运人。2019 年 10 月 31 日，蒙某胜通过网络平台接单的形式与乙玻璃公司签署货物运输协议，约定乙玻璃公司委托蒙某胜运输一批 14.5 吨的木架玻璃，装货地为 A 地点，卸货地为 B 地点，一装一卸，总运费为 2500

元。蒙某胜于2019年11月1日将货物送至指定地点。蒙某胜在托住一捆玻璃卸货的过程中，因玻璃倾斜压中蒙某胜右小腿致伤。后被送至医院，并于当日转院住院治疗，住院26天，花费医疗费共计26984.73元。出院医嘱记载：建议全休3个月，住院期间全程1人陪护。蒙某胜发生事故受伤后，与装饰公司的法定代表人多次协商赔偿事宜，装饰公司曾支付5000元给蒙某胜。

庭审中，当事人陈述，卸货需要用吊车。装饰公司自认，卸货的吊车司机是装饰公司工地的工人找的，吊车司机的吊车费用由装饰公司支付给甲玻璃公司经营部老板的。

【案件焦点】

1. 蒙某胜是否构成义务帮工行为；2. 谁为被帮工人，即谁为卸货义务人；3. 蒙某胜的损失如何认定，装饰公司、甲玻璃公司经营部、乙玻璃公司、丙玻璃公司是否应承担赔偿责任。

【法院裁判要旨】

广西壮族自治区桂平市人民法院经审理认为：义务帮工是指帮工人自愿、无偿向被帮工人提供劳务，突出特点为无偿性。蒙某胜通过网络平台接单的形式与乙玻璃公司形成运输合同关系，并根据乙玻璃公司的指示将货物送至装饰公司指定的地点，在其与乙玻璃公司的运输合同关系中，并未特别约定其需装货或者卸货。在蒙某胜不负卸货义务的情况下，蒙某胜帮助卸货，实为义务帮工人，其在帮工过程中受到损害，属于义务帮工人受损害责任纠纷。装饰公司与甲玻璃公司经营部通过网络聊天达成购买涉案玻璃的协议，虽然双方并未就卸货义务作出明确的约定，但是根据甲玻璃公司经营部提供的聊天记录，甲玻璃公司经营部给装饰公司的货物报价上，明确说明“不含税和卸车”。根据当事人的陈述和现有证据，装饰公司在庭审中自认，是其工地的工人找的吊车司机，也是装饰公司支付吊车司机的费用500元给甲玻璃公司经营部，事故发生后，由于吊车司机离场没有收取吊车费用，甲玻璃公司经营部已经将费用退回给装饰公司，可见本次交易，装饰公司负有卸货义务。并且，事故发生后，蒙某胜多次与装饰公司的法定代表人联系，协商赔偿事宜，装饰公司也曾支付5000元给蒙某胜，也可推定装饰公司是本案的卸货义务人。蒙某胜在义务帮工过程中受到损害，装饰公司作为义务帮工人应当承担相应的赔偿责任。另，根据当事人的陈述，卸货需要借助吊车，蒙某胜作为完全行为能力人，应该预见到徒手卸货会存在安全隐患，其自身并未尽到安全注意义务，蒙某胜本身存在过错，也应承担相应责任。法院核定蒙某胜的经济损失为49603元，由装饰公司承担60%的责任，蒙某胜承担40%的责任，装饰公司已经支付的5000元，应从装饰公司承担的赔偿数额里面相应扣减。即装饰公司应赔偿经济损失24761.8元给蒙某胜，蒙某胜多出部分的主张，法院依法不予支持。

广西壮族自治区桂平市人民法院依照《中华人民共和国民法通则》第一百三十一条，《中华人民共和国合同法》第六十一条，《中华人民共和国侵权责任法》第二十六条，《最高人民法院〈关于审理人身损害赔偿案件适用法律若干问题的解释〉》第十四条第一款、第十七条第一款、第十九条、第二十条、第二十一条，《中华人民共和国民事诉讼法》第六十四条、第一百四十四条规定，判决：

一、装饰公司赔偿经济损失24761.8元给蒙某胜；

二、驳回蒙某胜的其他诉讼请求。

装饰公司不服一审判决，提起上诉。

广西壮族自治区贵港市中级人民法院经审理同意一审法院裁判意见，依照《中华人民共和国民事诉讼法》第一百七十条第一款第一项规定，判决：

驳回上诉，维持原判。

【法官后语】

根据《最高人民法院关于审理人身损害赔偿案件适用法律若干问题的解释》第四条“无偿提供劳务的帮工人，在从事帮工活动中致人损害的，被帮工人应当承担赔偿责任”的规定，为他人无偿提供劳务的，属于义务帮工行为。被帮工人实际为帮工行为的义务人或者受益人，被帮工人应承担赔偿责任。本案中，谁负赔偿义务，关键在于谁是本案的卸货义务人或者受益人。综合本案证据，笔者认为本案中蒙某胜的行为已构成义务帮工，装饰公司系卸货义务人，应对蒙某胜在义务帮工过程中受到的损伤承担赔偿责任。主要理由如下：

1. 蒙某胜作为承运人，承运的是十几吨的玻璃，运输难度大，运输路程远，且装卸玻璃需要专业的工具辅助装卸，蒙某胜作为承运人，在不熟悉装卸流程的情况下，按照常理也不会承担如此专业且难度较大的装卸任务。且根据其收取的运输费，结合运输路程几百公里来看，剔除运输成本，利润一般，按照交易习惯也不会承担装卸的义务。因此，在蒙某胜不负装卸义务的前提下，其帮助卸货，构成义务帮工无疑。

2. 蒙某胜帮助卸玻璃的行为构成义务帮工，其在义务帮工过程中身体受到损伤，根据《最高人民法院关于审理人身损害赔偿案件适用法律若干问题的解释》第四条及互帮互助的善良风俗习惯和公平原则来考量，被帮工人应承担赔偿责任。

3. 装饰公司向甲玻璃公司经营部购买涉案玻璃，玻璃运至装饰公司指定地点，由装饰公司雇请工人和吊车来卸载玻璃，费用也由装饰公司负担，且装饰公司与甲玻璃公司经营部网络聊天记录也记载，货款不包含税和卸货。根据交易便利原则，装饰公司作为收货方，由其承担卸货义务更为便利。且蒙某胜受伤住院后，装饰公司也赔付过其5000元。可见，装饰公司确为货物的卸货义务人，应承担蒙某胜在帮工过程中损伤的赔偿责任。

综上所述，蒙某胜在本次事故中构成义务帮工，装饰公司作为被帮工人应当承担赔偿责任。

编写人：广西壮族自治区桂平市人民法院　谢红钊

44

被帮工人身份成立的判断标准

——魏某栓诉董某明等义务帮工人受害责任案

【案件基本信息】

1. 裁判书字号

北京市第一中级人民法院（2020）京01民终2424号民事判决书

2. 案由：义务帮工人受害责任纠纷

3. 当事人

原告（被上诉人）：魏某栓

被告（上诉人）：董某明、李某平

被告：李某昌

【基本案情】

魏某栓、董某明、李某昌系同村邻居，李某昌租住在李某平家北房，董某明与李某平丈夫系叔侄关系，管理使用李某平家的院落。2018年8月3日17时，董某明发现李某平家太阳能热水器漏水，董某明找到魏某栓让其帮忙修理，当天李某昌亦在家。魏某栓在屋顶查看太阳能热水器问题时因房顶石棉瓦塌陷折断不慎跌落，导致受伤，随即被董某明和邻居送往医院救治。2019年6月4日，司法鉴定所出具司法鉴定意见：被鉴定人魏某栓的伤残等级为人体损伤致残程度十级伤残。魏某栓将董某明等人诉至法院，要求其对自身损害承担赔偿责任。

【案件焦点】

如何确定被帮工人身份成立。

【法院裁判要旨】

北京市延庆区人民法院经审理认为：首先，根据一般情理，魏某栓不可能在未经他人告知的情况下知晓别人家中太阳能热水器发生故障，亦不可能在未经他人同意的情况下到别人家中帮忙修理，故法院对董某明的答辩意见不予采信。在本次事故中，董某明作为被帮工人，没有明确拒绝魏某栓的帮工行为，故其应当承担相应的赔偿责任。其次，李某平是涉案房屋的所有者，其虽将房屋出租给李某昌，但其仍为本次帮工行为的受益者。事实上，魏某栓的帮工行为有助于其获益或减少损失。故李某平作为本案的被帮工人，亦应承担相应的赔偿责任。李某昌虽为相关房屋的承租人，但称其只租赁北房，与房主李某平并未签订房屋租赁合同，双方对装有太阳能热水器的南房没有具体约定，双方当事人均未提供李某昌使用南房太阳能热水器的相关证据，故难以认定其是受益人。根据“谁主张、谁举证”的一般举证规则，法院对魏某栓要求李某昌承担连带责任的诉讼请求不予支持。根据魏某栓受伤的起因、过程并结合各方的过错程度，法院确定对于魏某栓受伤所遭受的损失，魏某栓承担 30%的责任，董某明与李某平连带承担 70%的责任。

北京市延庆区人民法院依照《中华人民共和国侵权责任法》第八条、第十六条，《最高人民法院关于审理人身损害赔偿案件适用法律若干问题的解释》第十四条、第十七条、第十八条、第十九条、第二十条、第二十一条、第二十二条、第二十三条、第二十四条、第二十五条，《中华人民共和国民事诉讼法》第六十四条规定，判决：

一、董某明与李某平连带赔偿魏某栓医疗费、住院伙食补助费、营养费、护理费、误工费、伤残赔偿金、鉴定费、交通费、精神损害抚慰金共计113695. 55元（于本判决生效后十日内履行）；

二、驳回魏某栓的其他诉讼请求。

董某明、李某平不服一审判决，提起上诉。

北京市第一中级人民法院经审理认为：关于本案是否构成义务帮工的问题。本案中，魏某栓在修理热水器的过程中坠落受伤。魏某栓主张系董某明找其帮忙，其在帮忙的过程中坠地。董某明、李某平对此予以否认，并认为系魏某栓未经允许闯入他人住宅，在未经董某明、李某平允许的情况下维修热水器时发生坠落。鉴于魏某栓维修的热水器并非其本人所有，魏某栓亦不使用案涉热水器，故董某明、李某平主张魏某栓未经允许强行闯入他人住宅并维修他人热水器，该陈述与魏某栓的陈述相比较，魏某栓的陈述更为合理。一审法院关于魏某栓系经董某明请求进入案涉场所，并在帮工过程中发生坠落受伤的判断符合日常生活经验，法院予以确认。

关于本案的责任主体问题。虽案涉房屋归李某平所有，但李某平并不在涉案房屋内居住，魏某栓实施的帮工行为李某平并不知情，双方之间不存在帮工与被帮工的法律关系。一审法院以李某平受益为由，判决李某平承担责任没有法律依据，法院予以更正。

关于魏某栓的过错问题。一审判决对此已作认定并酌情减轻了董某明的赔偿责任，法院认为一审判决酌情认定的董某明、魏某栓各自的责任比例适当，法院予以维持。

北京市第一中级人民法院依照《中华人民共和国民法总则》第一百八十八条，《中华人民共和国侵权责任法》第十六条，《最高人民法院关于审理人身损害赔偿案件适用法律若干问题的解释》第十四条、第十七条、第十八条、第十九条、第二十条、第二十一条、第二十二条、第二十三条、第二十四条、第二十五条，《最高人民法院关于适用〈中华人民共和国民法总则〉诉讼时效制度若干问题的解释》第一条，《最高人民法院关于审理民事案件适用诉讼时效制度若干问题的规定》第四条第一款，《最高人民法院关于适用〈中华人民共和国民事诉讼法〉的解释》第一百零五条、第一百零八条，《中华人民共和国民事诉讼法》第六十四条、第一百七十条第一款第二项规定，判决：

一、撤销北京市延庆区人民法院民事判决；

二、董某明于本判决生效后十日内赔偿魏某栓医疗费、住院伙食补助费、营养费、护理费、误工费、伤残赔偿金、鉴定费、交通费、精神损害抚慰金共计 113695.55 元；

三、驳回魏某栓的其他诉讼请求；

四、驳回董某明的上诉请求。

【法官后语】

关于确定被帮工人认定标准时应考量的因素，有以下几点：

一、帮工活动是否符合该主体明示或可推知的意思——由“明确表示拒绝”引发的思考

在私法上，利他性越明显，突破自己责任、打破意思自治的可能性和收益就越大，反之，利己性越明显，坚持自己责任、尊重意思自治和契约自由的必要性就越重要。帮工行为与见义勇为相比，虽均具有利他性，但因发生的典型场合不同、直接受益人和潜在受益人的范围有所不同，利他性的程度存有区别。因此，帮工活动更多发生在熟人、朋友和邻里乡亲之间，作为一项私法规范，还是应该更多地坚持意思自治和自由。按照帮工活动是否依据特定主体的请求作出，可将帮工活动划分为主动帮工和应特定主体请求帮工两种类型。对于后者而言，特定主体发出请求的这一行为本身即表明，帮工人所从事的帮工活动是符合该主体意思的，对于前者而言则稍显复杂。笔者认为，若特定主体事后追认或有证据表明特定主体未明确表示拒绝帮工的，则应当认定帮工人从事帮工活动是符合该主体可推知的意思。这样的考量，可以尽量避免被帮工人强制获益的情形发生，也与帮工活动所具有的利他性程度相适应。本案中，从全案证据、房屋所有权人李某平的陈述、事先不知情的客观事实以及其提起上诉的行为本身，都很难作出魏某栓修理其房屋热水器的帮工行为符合其明示或可推知意思的判断。

二、该主体是否可以对帮工人及帮工活动进行选任、指示、管理和控制——由“被帮工人应当承担赔偿责任”引发的思考

被帮工人责任其实是一种用人者责任，而关于用人者责任，我国并未采取通过雇主责任有效地调整包括帮工责任在内的全部用人者责任问题的路径[①]，而是基于主体性质、有偿与否、签订劳动合同与否以及提供劳务的内容不同，

① 尹飞：《论义务帮工责任的独立地位》，载《法学杂志》2009年第3期。

将用人者责任划分为个人帮工关系、个人劳务关系、用人单位责任等不同类别，彼此区分但又有相似之处。回归法条本身便可知，《最高人民法院关于审理人身损害赔偿案件适用法律若干问题的解释》第四条规定了被帮工人的外部责任，即帮工人因帮工活动致使他人遭受损害的，被帮工人应当承担赔偿责任。第五条规定了被帮工人的内部责任，即帮工人因帮工活动遭受自身损害的，被帮工人应当承担赔偿责任。综合上述两个条文可以看出，前者被帮工人承担的是"用人单位责任""雇主（接受劳务一方）责任"，属替代责任，后者被帮工人承担的是"赔偿责任"而非"补偿责任"，适用无过错归责原则，更加佐证了在认定被帮工人时应将其他用人者责任中的"用人者"因素考虑在内，因为被帮工人未明确表示拒绝帮工的情况下，从承担责任的结果来看，与其他用人者责任无本质区别。本案中，请求魏某栓来李某平家修理太阳能热水器的是基于与李某平的约定对房屋有照看职责的董某明，相较于不在场亦对帮工活动不知情的房屋所有人李某平而言，董某明是决定帮工人选、决定帮工活动的地点和内容、熟悉帮工地点周围情况以及直接对帮工人魏某进行指引和控制的主体，从这个层面进行考量，房屋所有人李某平不宜认定为被帮工人。

三、该主体是否因帮工活动而获益——由"在受益范围内"引发的思考

法律对被帮工人课以赔偿责任和明确表示拒绝帮工时在受益范围内的补偿责任，不至于使双方之间利益过于失衡的原因，正是在于被帮工人的权益因帮工活动获得了增值或免于减损，只不过在被帮工人明确表示拒绝帮工的情形下，这样的获益虽然客观存在、符合社会民众对获益与否的通常认知但并非被帮工人主动追求的结果而已。这是法律能够在同为自然人的私主体之间安置一个兼具公法和私法属性、具有较强社会价值的规范的根本原因所在，也是本案中一审法院将房屋所有权人李某平界定为被帮工人的依据所在。可综合关于帮工法律关系的规范可知，特定主体对帮工人承担赔偿责任的依据是其被帮工人的身份而非受益人的身份。首先，从逻辑上看，被帮工人一定是受益人，但受益人不一定是被帮工人。因为受益与否虽是法律对客观事实的一种评价，但它更是客观存在的一种状态，并且按照事物之间是普遍联系的观点，因特定活动受益以及受

益最大的主体，可能都不是特定事件的当事人而是局外人。离开了法律的评价，仍可以在客观世界中找到一种名为“获益”的与法律规定内容完全相同的感觉和状态。被帮工人则是法律上的一个特定概念，现行法律规范中规定了被帮工人身份成立时应具备的几个条件。因此，离开了法律的评价，无法在客观世界中找到一个名为“被帮工人”的与法律规定内容完全相同的主体。其次，从法律规范本身上看，“在受益范围内”是在被帮工人明确表示拒绝帮工、承担补偿责任时应考量的因素。根据《最高人民法院关于审理人身损害赔偿案件适用法律若干问题的解释》第五条第一款规定的内容可知，在被帮工人未明确表示拒绝帮工的情况下，其因帮工活动受益与否并不是其对内向帮工人承担赔偿责任须考虑的因素。再次，从民法典时代对利他性较为明显的法律行为或事实的规定来看，对广义上的救助人进行私法救济，即判断特定主体对救助人的赔偿责任或补偿责任是否成立时，受益结果的弱化是司法实践中采取的倾向性作法，也是学界较为支持的观点[①]，且受益结果的弱化程度与民事法律行为或事实利他性的程度成正比。最后，不完全以受益结果的最终归属作为判断赔偿义务人主体的作法也是此类法律规范所共享的立法选择。典型例子便是承揽法律关系。根据《中华人民共和国民法典》第一千一百九十三条的规定，定作人只有在对定作、指示或者选任有过错时，才对承揽人造成的损害承担赔偿责任。具体到本案，虽然维修的是房屋所有权人李某平家的热水器，李某平的财产因魏某栓的帮工行为而及时止损，但这种获益只是一种客观状态，就个案而言，基于李某平的委托对房屋有看护职责的董某明，才是因魏某栓的帮工行为直接获益的主体。如果再从法律关系分析方法的角度来看，魏某栓和董某明之间是帮工法律关系，董某明和李某平之间是代理或委托合同关系，在本案中判决由董某明一人对魏某栓的损失承担赔偿责任，不仅不会损害帮工人魏某栓获得损失填平的权利，而且也未有悖于帮工法律规范的立法本意，同时也有助于不同性质法律关系的厘清，最终使案件得到公正的审理。

编写人：北京市第一中级人民法院　张丽君

---

① 宋宗宇、张晨原：《救助他人受到损害私法救济的法制构造——兼评〈民法典（草案）〉第183条》，载《法学评论》2020年第3期。

附录

最高人民法院关于审理人身损害赔偿案件适用法律若干问题的解释

（2003 年 12 月 4 日最高人民法院审判委员会第 1299 次会议通过　根据 2020 年 12 月 23 日最高人民法院审判委员会第 1823 次会议通过的《最高人民法院关于修改〈最高人民法院关于在民事审判工作中适用《中华人民共和国工会法》若干问题的解释〉等二十七件民事类司法解释的决定》修正）

为正确审理人身损害赔偿案件，依法保护当事人的合法权益，根据《中华人民共和国民法典》《中华人民共和国民事诉讼法》等有关法律规定，结合审判实践，制定本解释。

第一条　因生命、身体、健康遭受侵害，赔偿权利人起诉请求赔偿义务人赔偿物质损害和精神损害的，人民法院应予受理。

本条所称“赔偿权利人”，是指因侵权行为或者其他致害原因直接遭受人身损害的受害人以及死亡受害人的近亲属。

本条所称“赔偿义务人”，是指因自己或者他人的侵权行为以及其他致害原因依法应当承担民事责任的自然人、法人或者非法人组织。

第二条　赔偿权利人起诉部分共同侵权人的，人民法院应当追加其他共同侵权人作为共同被告。赔偿权利人在诉讼中放弃对部分共同侵权人的诉讼请求的，其他共同侵权人对被放弃诉讼请求的被告应当承担的赔偿份额不承担连带责任。责任范围难以确定的，推定各共同侵权人承担同等责任。

人民法院应当将放弃诉讼请求的法律后果告知赔偿权利人，并将放弃诉讼请求的情况在法律文书中叙明。

第三条 依法应当参加工伤保险统筹的用人单位的劳动者，因工伤事故遭受人身损害，劳动者或者其近亲属向人民法院起诉请求用人单位承担民事赔偿责任的，告知其按《工伤保险条例》的规定处理。

因用人单位以外的第三人侵权造成劳动者人身损害，赔偿权利人请求第三人承担民事赔偿责任的，人民法院应予支持。

第四条 无偿提供劳务的帮工人，在从事帮工活动中致人损害的，被帮工人应当承担赔偿责任。被帮工人承担赔偿责任后向有故意或者重大过失的帮工人追偿的，人民法院应予支持。被帮工人明确拒绝帮工的，不承担赔偿责任。

第五条 无偿提供劳务的帮工人因帮工活动遭受人身损害的，根据帮工人和被帮工人各自的过错承担相应的责任；被帮工人明确拒绝帮工的，被帮工人不承担赔偿责任，但可以在受益范围内予以适当补偿。

帮工人在帮工活动中因第三人的行为遭受人身损害的，有权请求第三人承担赔偿责任，也有权请求被帮工人予以适当补偿。被帮工人补偿后，可以向第三人追偿。

第六条 医疗费根据医疗机构出具的医药费、住院费等收款凭证，结合病历和诊断证明等相关证据确定。赔偿义务人对治疗的必要性和合理性有异议的，应当承担相应的举证责任。

医疗费的赔偿数额，按照一审法庭辩论终结前实际发生的数额确定。器官功能恢复训练所必要的康复费、适当的整容费以及其他后续治疗费，赔偿权利人可以待实际发生后另行起诉。但根据医疗证明或者鉴定结论确定必然发生的费用，可以与已经发生的医疗费一并予以赔偿。

第七条 误工费根据受害人的误工时间和收入状况确定。

误工时间根据受害人接受治疗的医疗机构出具的证明确定。受害人因伤致残持续误工的，误工时间可以计算至定残日前一天。

受害人有固定收入的，误工费按照实际减少的收入计算。受害人无固定收入的，按照其最近三年的平均收入计算；受害人不能举证证明其最近三年的平均收入状况的，可以参照受诉法院所在地相同或者相近行业上一年度职工的平均工资计算。

第八条 护理费根据护理人员的收入状况和护理人数、护理期限确定。

护理人员有收入的，参照误工费的规定计算；护理人员没有收入或者雇佣护工的，参照当地护工从事同等级别护理的劳务报酬标准计算。护理人员原则上为一人，但医疗机构或者鉴定机构有明确意见的，可以参照确定护理人员人数。

护理期限应计算至受害人恢复生活自理能力时止。受害人因残疾不能恢复生活自理能力的，可以根据其年龄、健康状况等因素确定合理的护理期限，但最长不超过二十年。

受害人定残后的护理，应当根据其护理依赖程度并结合配制残疾辅助器具的情况确定护理级别。

第九条 交通费根据受害人及其必要的陪护人员因就医或者转院治疗实际发生的费用计算。交通费应当以正式票据为凭；有关凭据应当与就医地点、时间、人数、次数相符合。

第十条 住院伙食补助费可以参照当地国家机关一般工作人员的出差伙食补助标准予以确定。

受害人确有必要到外地治疗，因客观原因不能住院，受害人本人及其陪护人员实际发生的住宿费和伙食费，其合理部分应予赔偿。

第十一条 营养费根据受害人伤残情况参照医疗机构的意见确定。

第十二条 残疾赔偿金根据受害人丧失劳动能力程度或者伤残等级，按照受诉法院所在地上一年度城镇居民人均可支配收入或者农村居民人均纯收入标准，自定残之日起按二十年计算。但六十周岁以上的，年龄每增加一岁减少一年；七十五周岁以上的，按五年计算。

受害人因伤致残但实际收入没有减少，或者伤残等级较轻但造成职业妨害严重影响其劳动就业的，可以对残疾赔偿金作相应调整。

第十三条 残疾辅助器具费按照普通适用器具的合理费用标准计算。伤情有特殊需要的，可以参照辅助器具配制机构的意见确定相应的合理费用标准。

辅助器具的更换周期和赔偿期限参照配制机构的意见确定。

第十四条 丧葬费按照受诉法院所在地上一年度职工月平均工资标准，以六个月总额计算。

第十五条 死亡赔偿金按照受诉法院所在地上一年度城镇居民人均可支配收入或者农村居民人均纯收入标准，按二十年计算。但六十周岁以上的，年龄每增加一岁减少一年；七十五周岁以上的，按五年计算。

第十六条 被扶养人生活费计入残疾赔偿金或者死亡赔偿金。

第十七条 被扶养人生活费根据扶养人丧失劳动能力程度，按照受诉法院所在地上一年度城镇居民人均消费性支出和农村居民人均年生活消费支出标准计算。被扶养人为未成年人的，计算至十八周岁；被扶养人无劳动能力又无其他生活来源的，计算二十年。但六十周岁以上的，年龄每增加一岁减少一年；七十五周岁以上的，按五年计算。

被扶养人是指受害人依法应当承担扶养义务的未成年人或者丧失劳动能力又无其他生活来源的成年近亲属。被扶养人还有其他扶养人的，赔偿义务人只赔偿受害人依法应当负担的部分。被扶养人有数人的，年赔偿总额累计不超过上一年度城镇居民人均消费性支出额或者农村居民人均年生活消费支出额。

第十八条 赔偿权利人举证证明其住所地或者经常居住地城镇居民人均可支配收入或者农村居民人均纯收入高于受诉法院所在地标准的，残疾赔偿金或者死亡赔偿金可以按照其住所地或者经常居住地的相关标准计算。

被扶养人生活费的相关计算标准，依照前款原则确定。

第十九条 超过确定的护理期限、辅助器具费给付年限或者残疾赔偿金给付年限，赔偿权利人向人民法院起诉请求继续给付护理费、辅助器具费或者残疾赔偿金的，人民法院应予受理。赔偿权利人确需继续护理、配制辅助器具，或者没有劳动能力和生活来源的，人民法院应当判令赔偿义务人继续给付相关费用五至十年。

第二十条 赔偿义务人请求以定期金方式给付残疾赔偿金、辅助器具费的，应当提供相应的担保。人民法院可以根据赔偿义务人的给付能力和提供担保的情况，确定以定期金方式给付相关费用。但是，一审法庭辩论终结前已经发生的费用、死亡赔偿金以及精神损害抚慰金，应当一次性给付。

第二十一条 人民法院应当在法律文书中明确定期金的给付时间、方式以及每期给付标准。执行期间有关统计数据发生变化的，给付金额应当适时进行相应调整。

定期金按照赔偿权利人的实际生存年限给付，不受本解释有关赔偿期限的限制。

第二十二条 本解释所称“城镇居民人均可支配收入”“农村居民人均纯收入”“城镇居民人均消费性支出”“农村居民人均年生活消费支出”“职工平均工资”，按照政府统计部门公布的各省、自治区、直辖市以及经济特区和计划单列市上一年度相关统计数据确定。

“上一年度”，是指一审法庭辩论终结时的上一统计年度。

第二十三条 精神损害抚慰金适用《最高人民法院关于确定民事侵权精神损害赔偿责任若干问题的解释》予以确定。

第二十四条 本解释自 2004 年 5 月 1 日起施行。2004 年 5 月 1 日后新受理的一审人身损害赔偿案件，适用本解释的规定。已经作出生效裁判的人身损害赔偿案件依法再审的，不适用本解释的规定。

在本解释公布施行之前已经生效施行的司法解释，其内容与本解释不一致的，以本解释为准。

最高人民法院关于确定民事侵权精神损害赔偿责任若干问题的解释

（2001年2月26日最高人民法院审判委员会第1161次会议通过 根据2020年12月23日最高人民法院审判委员会第1823次会议通过的《最高人民法院关于修改〈最高人民法院关于在民事审判工作中适用《中华人民共和国工会法》若干问题的解释〉等二十七件民事类司法解释的决定》修正）

为在审理民事侵权案件中正确确定精神损害赔偿责任，根据《中华人民共和国民法典》等有关法律规定，结合审判实践，制定本解释。

第一条 因人身权益或者具有人身意义的特定物受到侵害，自然人或者其近亲属向人民法院提起诉讼请求精神损害赔偿的，人民法院应当依法予以受理。

第二条 非法使被监护人脱离监护，导致亲子关系或者近亲属间的亲属关系遭受严重损害，监护人向人民法院起诉请求赔偿精神损害的，人民法院应当依法予以受理。

第三条 死者的姓名、肖像、名誉、荣誉、隐私、遗体、遗骨等受到侵害，其近亲属向人民法院提起诉讼请求精神损害赔偿的，人民法院应当依法予以支持。

第四条 法人或者非法人组织以名誉权、荣誉权、名称权遭受侵害为由，向人民法院起诉请求精神损害赔偿的，人民法院不予支持。

第五条 精神损害的赔偿数额根据以下因素确定：

（一）侵权人的过错程度，但是法律另有规定的除外；

（二）侵权行为的目的、方式、场合等具体情节；

（三）侵权行为所造成的后果；

（四）侵权人的获利情况；

（五）侵权人承担责任的经济能力；

（六）受理诉讼法院所在地的平均生活水平。

第六条　在本解释公布施行之前已经生效施行的司法解释，其内容有与本解释不一致的，以本解释为准。

ISBN 978-7-5216-2507-3

9 787521 625073 >

图书在版编目（CIP）数据

中国法院2022年度案例．雇员受害赔偿纠纷：含帮工损害赔偿纠纷／国家法官学院，最高人民法院司法案例研究院编．—北京：中国法制出版社，2022.2

ISBN 978-7-5216-2507-3

Ⅰ.①中… Ⅱ.①国…②最… Ⅲ.①劳动合同-经济纠纷-案例-汇编-中国 Ⅳ.①D920.5

中国版本图书馆CIP数据核字（2022）第025262号

策划编辑：李小草　韩璐玮（hanluwei666@163.com）

责任编辑：韩璐玮　　封面设计：李宁

中国法院2022年度案例．雇员受害赔偿纠纷：含帮工损害赔偿纠纷

ZHONGGUO FAYUAN 2022 NIANDU ANLI. GUYUAN SHOUHAI PEICHANG JIUFEN:
HAN BANGGONG SUNHAI PEICHANG JIUFEN

编者/国家法官学院，最高人民法院司法案例研究院

经销/新华书店

印刷/三河市紫恒印装有限公司

开本/730毫米×1030毫米　16开　　印张/12.5　字数/139千

版次/2022年2月第1版　　2022年2月第1次印刷

中国法制出版社出版

书号 ISBN 978-7-5216-2507-3　　定价：50.00元

北京市西城区西便门西里甲16号西便门办公区

邮政编码：100053　　传真：010-63141600

网址：http://www.zgfzs.com　　**编辑部电话：010-63141802**

市场营销部电话：010-63141612　　**印务部电话：010-63141606**

新规则案例适用系列

民法典新规则案例适用	108 元
刑法修正案（十一）新规则案例适用	78 元
知识产权新规则案例适用	即出
民法典担保制度新规则案例适用	即出

民法典时代

中华人民共和国民法典释义与案例评注：总则编	125 元
中华人民共和国民法典释义与案例评注：物权编	156 元
中华人民共和国民法典释义与案例评注：人格权编	65 元
中华人民共和国民法典释义与案例评注：婚姻家庭编	68 元
中华人民共和国民法典释义与案例评注：继承编	65 元
中华人民共和国民法典释义与案例评注：侵权责任编	108 元
中华人民共和国民法典释义与案例评注：合同编	246 元
中华人民共和国民法典总则编释义	158 元
中华人民共和国民法典合同编释义	228 元
中华人民共和国民法典人格权与侵权责任编释义	158 元
中华人民共和国民法典婚姻家庭编与继承释义	98 元
中华人民共和国民法典物权编释义	148 元

新法释义系列

中华人民共和国个人信息保护法释义	78 元
中华人民共和国数据安全法释义	58 元